AF596045

RAPPORT

SUR

L'ÉCOLE PRATIQUE

DES HAUTES ÉTUDES.

SECTIONS DES SCIENCES.

1871-1872.

RAPPORT

SUR

L'ÉCOLE PRATIQUE DES HAUTES ÉTUDES.

SECTION DES SCIENCES NATURELLES.

§ 1.

Pour l'étude des sciences naturelles, non moins que pour l'étude de la physique et de la chimie, les livres et l'enseignement oral sont insuffisants : la pratique est indispensable. Cependant, avant la fondation de l'École des Hautes Études, la plupart des élèves de nos Facultés des sciences étaient complétement privés de ce genre d'instruction ; aussi ne pouvaient-ils acquérir sur la géologie, la botanique, la zoologie, l'anatomie comparée et la physiologie générale que des connaissances à la fois superficielles et improductives. Aujourd'hui il n'en est plus de même, et non-seulement à Paris, mais aussi dans plusieurs villes universitaires des départements, tous les étudiants qui veulent cultiver sérieusement ces sciences peuvent le faire sans être astreints à aucun sacrifice pécuniaire. Ils sont admis gratuitement dans des laboratoires de divers ordres, où, sous la direction de maîtres habiles, ils se familiarisent avec l'emploi des instruments et des méthodes d'observation ; ils apprennent à expérimenter, ils s'accoutument à constater directement les faits dont les conséquences doivent rester gravées dans leur mémoire et à juger sainement de la valeur, de la signification de ce qu'ils voient. Ils acquièrent ainsi, par la pratique, une instruction solide, et lorsque, préparés de la sorte, ils veulent aller plus loin et s'engager dans la voie des recherches à l'aide desquelles les découvertes s'accomplissent, on les initie aux travaux d'investigation.

Il y a donc dans cette école deux catégories d'étudiants et deux sortes de laboratoires : des *laboratoires d'enseignement*, où les jeunes gens apprennent à manipuler, à observer, à expérimenter, et acquièrent des idées justes relativement aux faits sur lesquels les vues scientifiques ou les théories reposent; des *laboratoires de recherches,* où les néophytes assistent aux investigations du maître, s'inspirent de son exemple et, guidés par ses conseils, s'essayent à des travaux destinés à fournir la solution de questions non encore résolues.

Ces laboratoires de recherches sont ouverts aussi à de jeunes savants qui ont déjà fait leurs preuves, mais qui n'ont pas à leur disposition les ressources matérielles nécessaires pour la réalisation de leurs projets d'investigation.

Enfin, des moyens de publication sont assurés à toutes les personnes qui dans ces laboratoires accomplissent des travaux jugés utiles. A cet effet, un recueil spécial intitulé : *Bibliothèque de l'École des Hautes Études, section des sciences naturelles,* a été fondé sous les auspices du ministre de l'instruction publique. Cet ouvrage compte déjà quatre volumes, et le cinquième volume, actuellement sous presse, paraîtra très-prochainement.

L'utilité de ces laboratoires, de ces travaux pratiques, est si évidente qu'il nous paraîtrait superflu d'insister ici sur les services que l'École des Hautes Études pourra rendre à la culture des sciences naturelles; mais nous rappellerons que déjà l'influence de la direction nouvelle donnée ainsi aux études s'est manifestée par les résultats des examens subis devant la Faculté des sciences de Paris pour l'obtention du grade de licencié. Avant l'ouverture de l'École des Hautes Études, ce grade universitaire n'était conféré annuellement à la Sorbonne qu'à deux ou trois candidats ; or, pendant les deux années qui ont précédé la guerre (1868 et 1869), le diplôme de licencié ès sciences naturelles y a été obtenu par vingt-deux étudiants, dont vingt étaient élèves de cette école, et les examinateurs ont été unanimes à constater une élévation notable dans le niveau de l'instruction des candidats admis.

Les licenciés ès sciences naturelles de la Faculté de Paris qui ont fait des études dans les laboratoires de l'École pratique sont :

MM.

Oustalet,	Bresson,	Velain,
Sicard,	Vautherin,	Cairol,
Lartet,	George,	Demule,
Jobert,	Chatin,	Meunier,
Gréhant,	De la Rive,	Poljanowski,
Tourlet,	Bachelet,	Dutailly,
Canto,	Hollande,	Viault,
Cornu,	Marcel,	Chapon.

Enfin la même Faculté a conféré le diplôme de docteur ès sciences naturelles à six élèves de l'École pratique, savoir :

MM.

MARION,	GRÉHANT,	MARTINET,
LARTET,	MOQUIN-TANDON,	CORNU.

Sans nous étendre davantage sur ces considérations générales, nous passerons en revue les divers laboratoires qui sont actuellement en activité à Paris, et nous nous occuperons ensuite de ceux déjà établis ou en voie d'organisation dans les départements.

§ 2.

Le laboratoire dont nous parlerons d'abord, parce qu'il fut le premier ouvert, est consacré à la **ZOOLOGIE ANATOMIQUE ET PHYSIOLOGIQUE**, et placé sous la direction de M. **MILNE-EDWARDS**, membre de l'Institut, doyen de la Faculté des sciences et professeur au Muséum d'Histoire naturelle. Ce savant est assisté d'un directeur adjoint, M. Alphonse Milne-Edwards, professeur de zoologie à l'École supérieure de Pharmacie, qui, de même que le titulaire, remplit ces fonctions sans qu'il en résulte aucune charge pour le budget de l'École. Un répétiteur est également attaché à ce laboratoire, et M. le docteur L. Vaillant, ancien chargé de cours à la Faculté des sciences de Montpellier, a bien voulu, pendant trois ans, remplir cet emploi dans les mêmes conditions que les directeurs.

Les travaux ont lieu tous les jours, de onze heures à quatre heures, pendant les deux semestres de l'année scolaire, et le nombre de places disponibles est de vingt; mais le nombre des étudiants est en général plus considérable : car ils alternent. Cet établissement, situé rue Cuvier, n° 59, dans des locaux dépendants du Muséum d'Histoire naturelle, est à la fois un *laboratoire d'enseignement* et un *laboratoire de recherches*.

Les élèves du laboratoire d'enseignement s'exercent aux dissections fines, à l'usage du microscope, à l'emploi des autres moyens de démonstration anatomique et aux déterminations zoologiques; ils étudient sur la nature le mode d'organisation d'une série d'animaux choisis de façon à représenter les principaux types zoologiques; ils ont à leur disposition tous les livres classiques nécessaires; chaque semaine, le répétiteur leur fait une conférence sur le sujet de leurs études, et pendant la belle saison, guidés par le directeur adjoint, ils visitent les bords de la mer pour étudier la structure d'animaux inférieurs qui ne peuvent être bien observés qu'à l'état vivant. Enfin, ces élèves sont appelés successivement à faire devant leurs condisciples des leçons orales et à argumenter entre eux sur des questions désignées à l'avance.

De la sorte, ces jeunes gens, qui pour la plupart, sont des étudiants en médecine, acquièrent en anatomie comparée, ainsi que dans les autres branches des sciences zoologiques, des connaissances solides; ils s'exercent à l'art d'observer et ils apprennent à bien rendre compte de ce qu'ils savent.

Pendant l'année scolaire actuelle, vingt et un élèves ont été admis à travailler dans ce laboratoire, savoir :

MM.

Barault,
Bartholomez,
Beauregard,
Bertrand,
Bougarel,
Bayer,
Brocchi,
Chapuis,
Debouzy,
Destais,
Doby,
Dupuis,
Calmette,
Morice,
Filhol,
Frederick,
Giraud,
Guérin,
Josias,
De Lacvivier,
Lanissau,
Leclerc,
Morisset,
Piot,
Quintescu,
Racine,
Riza,
Vesque.

Depuis la fondation de l'École, le *laboratoire de recherches* n'a cessé d'être fréquenté que pendant l'investissement de Paris, et en ce moment huit naturalistes : MM. Grandidier, Oustalet, Jobert, George, Chatin, Sauvage, Jullien et Bourguignat, y poursuivent leurs études à côté du directeur adjoint et du répétiteur, qui l'un et l'autre y travaillent assidûment.

M. Alf. Grandidier, à son retour d'un voyage d'exploration dans l'intérieur de Madagascar, a déposé dans ce laboratoire les collections zoologiques qu'il a formées dans ce pays intéressant, et s'occupe à mettre en œuvre les riches matériaux recueillis de la sorte. Ce voyageur s'est associé à M. Alphonse Milne-Edwards pour la publication d'un grand travail sur les mammifères de Madagascar; cet ouvrage important est en voie d'exécution et sera mis sous presse prochainement.

M. Oustalet, licencié ès sciences naturelles et ancien élève de l'École des Hautes Études, travaille dans ce laboratoire depuis trois ans. Il y a fait sur les organes de la respiration des Libellules des recherches qui ont été l'objet d'un mémoire publié dans le premier volume de la *Bibliothèque des Hautes Études*, et il s'occupe d'un travail considérable sur les insectes fossiles de la France. Un premier mémoire sur les insectes fossiles de l'Auvergne, accompagné de six planches, est imprimé dans le quatrième volume du même recueil ; il sera suivi d'un mémoire sur les insectes fossiles d'Aix, dont M. Oustalet s'occupe en ce moment. Ce jeune naturaliste prépare aussi un travail sur les insectes névroptères recueillis à Madagascar par M. A. Grandidier, et il a publié une note sur les schistes à *Meletta* de Froidefontaine.

Un autre élève de l'École pratique, M. le docteur Jobert, après avoir fait dans ce laboratoire des recherches anatomiques sur les glandes nasales des oiseaux, insérées dans le premier volume de la Bibliothèque de l'École des Hautes Études, a entrepris, sur la structure des organes du tact chez divers animaux, un long travail destiné à servir de thèse pour l'obtention du doctorat ès sciences naturelles. Ce mémoire est sous presse, il est accompagné de huit planches, et il prendra place dans le sixième volume de la Bibliothèque de l'École. M. Jobert a publié dans le *Journal d'Anatomie et de Physiologie* des études sur les doigts du Raton laveur et sur les organes tactiles des mollusques gastéropodes; il a inséré dans le *Bulletin de la Société de Biologie* des recherches sur les terminaisons nerveuses des poissons, et il a communiqué à la *Société philomathique* ses observations sur le bec et la langue des oiseaux, sur le grouin du porc. considérés comme organes tactiles, sur la structure du bec et de la langue des Fringellidés et sur la structure du rostre de l'Ornithorhynque et de l'Échidnée.

M. le docteur George, ancien élève de ce laboratoire, a inséré dans la *Bibliothèque* de l'École un mémoire sur les Hémiones et quelques autres espèces chevalines. Il poursuit actuellement des recherches sur les reptiles fossiles des dépôts tertiaires de Sansan, et se propose d'en faire l'objet d'une thèse pour le doctorat ès sciences naturelles.

M. le docteur J. Chatin, ancien élève de notre École pratique, continue à travailler assidûment dans ce laboratoire et a publié dans la Bibliothèque deux mémoires, dont l'un a pour objet l'anatomie de l'*appareil salivaire du fourmilier tamandua,* l'autre l'anatomie du système musculaire de l'*Hyæmoschus aquaticus.* Il a communiqué à la *Société de Biologie* des observations sur un cas de communication interventriculaire, et il a publié aussi divers travaux de physiologie. Il s'occupe actuellement de recherches sur les glandes odorantes de divers mammifères.

M. le docteur Sauvage, après avoir fréquenté le laboratoire de paléontologie, dirigé par feu M. Lartet, travaille également dans le laboratoire zoologique, et vient de terminer un mémoire sur les poissons fossiles de la Sarthe qui paraîtra dans le sixième volume de la *Bibliothèque de l'École des Hautes Études*. Précédemment, ce jeune naturaliste avait publié, dans le quatrième volume du même recueil, une note sur les poissons fossiles trouvés dans les dépôts tertiaires de Licata.

M. le docteur Vautherin, ancien élève de la même École, y a fait une étude anatomique des organes de la circulation et de l'appareil génital de divers chéloniens. Ce travail a été publié dans le deuxième volume de la Bibliothèque.

M. Bourguignat, connu depuis longtemps des conchyliologistes par ses nombreuses publications sur les mollusques terrestres et fluviatiles, profite aussi des facilités offertes aux travailleurs par le laboratoire de M. Milne-Edwards, pour étudier les ossements fossiles provenant de fouilles qu'il avait exécutées avant la guerre dans plusieurs cavernes du midi de la France. Les observations comparatives faites ainsi lui ont permis de reconnaître parmi ces débris les restes d'un grand carnassier d'espèce nouvelle, auquel il a donné le nom de *Leo Edwardsii*, et de constater l'existence de plusieurs autres mammifères de la période quaternaire inconnus jusqu'alors. Les planches qui doivent accompagner la publication de M. Bourguignat sont en majeure partie terminées.

M. le docteur Léon Vaillant, attaché à ce laboratoire à titre de répétiteur, y poursuit actuellement divers travaux de recherches anatomiques et zoologiques. Il a inséré dans le deuxième volume de la *Bibliothèque des Hautes Études* un mémoire fort étendu sur la structure des Pontobdelles ou sangsues marines, et il a présenté à l'Académie des Sciences plusieurs travaux qui ont été publiés dans les *Comptes rendus* des séances de cette compagnie; savoir : des observations sur les spongiaires des genres Clione et Téthys, des recherches anatomiques sur les Onchidies et des études zoologiques sur les Crocodiliens fossiles de l'Allier. Enfin il imprime en ce moment, dans le septième volume des *Archives du Muséum*, un mémoire sur les Vermets, et dans les *Mémoires de la Société de Biologie* un travail sur la distribution des animaux marins dans les différentes zones littorales.

Enfin, parmi les travaux effectués dans le laboratoire dont nous rendons compte ici, il convient de citer aussi les nombreuses publications dues au directeur adjoint de cet établissement zoologique, M. Alphonse Milne-Edwards. Ce naturaliste a inséré dans la *Bibliothèque de l'École des Hautes Études* les mémoires suivants : 1° *Nouvelles observations sur les caractères zoologiques et les affinités naturelles des Æpyornis de Madagascar* (en collaboration avec M. Grandidier); 2° *Note sur quelques mammifères du Thibet oriental;* 3° *Note sur la disposition du* placenta *chez le Chevrotain memina;* 4° *Observations sur la faune ornithologique du Bourbonnais pendant la période tertiaire miocène;* 5° *Observations sur l'embryologie des Lémuriens;* 6° *Observations sur la conformation du* placenta *chez le Tamandua;* 7° *Description d'un nouveau mammifère insectivore de Madagascar* (en collaboration avec M. A. Grandidier); 8° *Note sur les crabes d'eau douce de Madagascar.* Il a publié dans d'autres recueils des travaux sur l'*Hippopotame de Liberia ;* sur l'*Aphanapteryx*, oiseau qui vivait à l'île Maurice jusque dans le dix-septième siècle, mais dont l'espèce est éteinte aujourd'hui; sur un *Pélican* des tourbières de l'Angleterre, et sur un grand nombre de Crustacés nouveaux pour la science. On lui doit aussi des recherches anatomiques sur l'*organisation des Limules*, travail dont les principaux résultats ont été publiés dans le *Bulletin de la Société philomathique ;* enfin, il vient de terminer l'impression d'un grand ouvrage sur les *Oiseaux fossiles de la France* (4 volumes in-4°), et il publie en ce moment un ouvrage considérable sur la *faune mammalogique de la Chine et du Thibet oriental*, fait à l'aide des belles collections formées dans ce pays par M. l'abbé Armand David.

Ces faits montrent qu'il règne beaucoup d'activité dans ce laboratoire zoologique, et que les résultats déjà obtenus dans cette partie de l'École des Hautes Études ne sont pas sans importance.

§ 3.

Plusieurs laboratoires ont été affectés à l'enseignement pratique de la **BOTANIQUE.**

L'un de ces établissements, situé à la Sorbonne et placé sous la direction de **M. DUCHARTRE**, membre de l'Institut et professeur à la Faculté des sciences, est un *laboratoire d'enseignement* destiné spécialement à l'instruction des aspirants au grade de licencié ès sciences naturelles.

Le directeur, assisté d'un répétiteur, M. Cornu, docteur ès sciences naturelles, y donne deux fois par semaine, pendant le semestre d'été, des conférences sur l'anatomie végétale et y exerce les élèves à l'observation et à l'étude approfondie des organes des plantes, considérés tant pendant le cours de leur développement qu'à l'état de formation définitive. Les élèves apprennent à faire des préparations propres à mettre en évidence la structure interne des tissus constitutifs de ces organes, à se servir de la loupe et du microscope, à dessiner à l'aide de la chambre claire et à utiliser l'action des agents chimiques, pour distinguer entre elles les parties élémentaires des plantes.

L'été dernier, ce laboratoire avait été ouvert comme d'ordinaire le 16 mars ; mais presque aussitôt après, les travaux y furent interrompus par l'insurrection de la Commune, et ne purent être repris que tardivement (vers la fin de juin). Aussi le nombre des élèves fut-il moindre que les années précédentes ; mais les quinze étudiants dont les noms suivent y ont pris part et ont montré beaucoup d'assiduité :

MM.

De Lacvivier,	O. Frederick,	Brocchi,
Racine,	Brissaud,	Lelorain,
Bertaud,	Légerat,	Dupuis,
Viault,	Hubenson,	Meunier,
Vincenti,	Petit,	Chrysophris.

Dans peu de jours, lors de la reprise des cours d'été, le laboratoire de M. Duchartre sera ouvert de nouveau, et les travaux méthodiques s'y feront comme par le passé. Nous ajouterons que le répétiteur, M. Cornu, vient de subir d'une manière brillante les épreuves du doctorat, et que sa thèse intitulée : *Monographie des Saprolégniées,* témoigne de l'excellente direction donnée à ses études ainsi que de son habileté comme observateur. Ce mémoire, accompagné de sept planches, a été inséré dans le cinquième volume de la *Bibliothèque de l'École des Hautes Études*, et l'un des élèves de ce laboratoire, M. Bertrand, a fait sur le genre *Abies* et sur le *Pseudotsuga*, etc., des observations qui ont été publiées dans le *Bulletin de la Société de Botanique* et le journal *l'Institut*.

§ 4.

Un autre laboratoire de botanique fonctionne au Muséum sous la direction de MM. **BRONGNIART** et **DECAISNE**, membres de l'Institut, assistés par M. Gris, docteur ès sciences. C'est à la fois un *laboratoire d'enseignement* et un *laboratoire de recherches;* à ce dernier titre il est en activité pendant toute l'année, et quatre jeunes savants ont été admis à y travailler, savoir : MM. Martinet, Vesque, Pérard et Cuisin.

M. Martinet, jadis préparateur à l'école de Cluny, actuellement docteur ès sciences naturelles et professeur à la Faculté de médecine de Lima, a fait dans ce laboratoire un travail anatomique accompagné de quatorze planches sur les *Organes de sécrétion des végétaux*. Ce travail lui a servi de thèse pour obtenir le grade de docteur ès sciences et a paru dans le quatrième volume de la *Bibliothèque de l'École des Hautes Études*.

M. Pérard a déjà donné un tableau très-bien fait de la flore des environs de Montluçon, et se livre en ce moment à l'étude anatomique du groupe des *Menthoïdées*.

M. Julien Vesque, qui subira prochainement ses examens pour la licence, va publier des observations anatomiques, actuellement terminées, sur la structure de l'*Albumen des conifères*.

Enfin, M. Cuisin, ancien élève du laboratoire d'enseignement, comme MM. Vesque et Pérard, se livre en observateur exact et en dessinateur habile à des recherches sur l'*Organographie* générale des végétaux.

Le laboratoire d'enseignement n'a été ouvert jusqu'ici que pendant le trimestre d'été. Les travaux commencent ordinairement dans la seconde quinzaine d'avril. En 1871, il ne fut ouvert que dans les premiers jours de juillet, et il y eut trois séances par semaine consacrées à des travaux de dissection sous la loupe montée. En raison des tristes circonstances où se trouvait Paris, les élèves furent moins nombreux que les années précédentes; cependant quarante-sept personnes sont inscrites au registre d'entrée, et les suivantes se sont fait remarquer par leur assiduité :

MM.

Boymont.	Blot,	Villeneuve,
Segond,	Auprée,	Leclerc,
Wittorski,	Belœil,	Vincent,
Chaveriat,	Pinta,	Ruhau,
Julien,	Tuffier,	Chambaut,
Anthoni,	P. Trouvé,	Le Jeune.
Étard,	Trouvé-Chauvel,	

Ce laboratoire a été ouvert de nouveau le 7 mai 1872; des conférences y ont lieu les mardis et samedis à neuf heures et demie du matin, et quarante-huit étudiants y font des travaux pratiques; savoir :

MM.

Aubert (Léonce),	Dufraisse,	Mer,
Armet de Lisle,	Émery,	Mousse,
Andrieux,	Finot,	Poisson,
Arduin,	Félix,	Page,
Birot,	Gaugain,	Pichard,
Bernard,	Grandval,	Prudhon,
Brancher,	Guibout,	Richard,
Brau,	Huguet,	Rabeau,
Burette,	Henry,	Roger,
Chambige,	Leune,	Saucourt,
Champmas,	Langlois,	Taine,
Chauvois,	Ledoux,	Tassin,
Crémont,	Lucas,	Tuvache,
Croutelle,	Lemaire,	Vernade,
Daudin,	Lecerf,	Viseur,
D'Héricourt,	Maisonneuve,	Vivot.

§ 5.

Enfin, des travaux pratiques du même ordre ont été organisés dans un laboratoire dépendant du Jardin botanique de la Faculté de médecine, et placé sous la direction de M. le professeur **BAILLON**. Les étudiants dont les noms suivent ont été admis à y faire des travaux de recherches.

M. Vandercolme, *Recherches sur l'organisation des Smilax*, étude comparative des Salsepareilles.

M. Tison, *Recherches sur les plantes dicotylédones*, pour la rédaction des articles d'un Dictionnaire de Botanique en voie de préparation.

M. Soubeiran, *Recherches sur les monocotylédones*, pour le même objet.

M. Mussat, *Recherches sur l'organisation des corolles et l'histologie des pétales.*

M. Dutailly, *Études sur le développement et la structure des couches libériennes dans les plantes à fibres textiles et sur le spermoderme de plusieurs familles de plantes.*

M. Bocquillon, *Recherches sur l'organisation des thés et le siége des principes actifs dans leurs feuilles.*

Plus de cent cinquante élèves, la plupart étudiants en médecine, ont pris part aux travaux pratiques du laboratoire d'enseignement ou aux démonstrations faites, soit au Jardin, soit dans les herborisations avec conférences qui se font aux environs de Paris.

§ 6.

Une École pratique de **GÉOLOGIE** a été organisée dans le laboratoire de la Faculté des sciences, sous la direction de M. le professeur **HÉBERT**, et ouverte en décembre 1868.

Laboratoire d'enseignement. — Pendant la première année scolaire, le laboratoire d'enseignement a reçu quarante-deux élèves, qui ont été répartis en deux séries. La première comprenait ceux d'entre eux qui avaient déjà des connaissances assez étendues en géologie. On les habituait à déterminer les différentes roches qui constituent l'écorce solide du globe, à reconnaître génériquement et spécifiquement les corps organisés fossiles les plus importants, et on leur faisait connaître la valeur stratigraphique de chacun d'eux. Les élèves de la seconde série ont reçu d'abord un enseignement préparatoire propre à les initier aux méthodes géologiques, puis on les a exercés aux travaux de détermination. Les conférences, au nombre de cinquante-trois, ont eu lieu les lundi et jeudi de chaque semaine, de une heure à trois heures et demie, et, à d'autres jours, les élèves ont été admis à travailler dans un local où M. Hébert avait préparé pour leur usage une collection d'études. Des conférences supplémentaires ont été données en juin par M. Lory, professeur à la Faculté des sciences de Grenoble, qui avait été appelé à suppléer temporairement M. Hébert.

De nombreuses excursions géologiques, destinées à exercer les élèves à l'étude stratigraphique des terrains, et dirigées par M. le professeur Hébert, ont été faites soit aux environs de Paris, soit dans le département de la Meuse ; enfin, une grande excursion dans les Alpes du Dauphiné a eu lieu à la fin du cours, sous la direction de M. Lory.

Dans l'année scolaire 1869-1870 les travaux ont eu lieu de la même manière que l'année précédente, sous la direction de M. Hébert ou du répétiteur, M. Vélain, licencié ès sciences naturelles. Pendant le premier semestre, les conférences, au nombre de cinquante-six, ont été consacrées à l'étude détaillée des roches et des principes de la paléontologie appliquée à la stratigraphie. Trente-trois élèves ont été exercés à la détermination des fossiles caractéristiques. Pendant le deuxième semestre, M. Hébert a dirigé, tous les quinze jours, des excursions géologiques dans les environs de Paris ; enfin, pendant les vacances de la Pentecôte, M. Vélain a dirigé une excursion dans le Soissonnais.

Pour l'année scolaire 1871-1872 les travaux de l'École pratique de géologie ont repris le 15 décembre, et les conférences ont lieu les mardi et samedi de chaque semaine. Les élèves qui les suivent sont :

MM.

Othon Frederick, docteur ès lettres ;
Lelorain, docteur en médecine ;
Brocchi, *id.* ;
Delacour, maître répétiteur au lycée Saint-Louis ;
Filhol, interne des hôpitaux ;
Crié, *id.* ;

Beauregard, interne des hôpitaux;
Mer, garde général des forêts;
L'abbé Doby (École des Carmes);
L'abbé Debouzy;
Percaletzano, étudiant;
Bertrand, *id.*;
Barrault, *id.*;
Racine, étudiant;
Taine, *id.*;
Vesque;
Bénard;
Grillet;
Capitan.

Laboratoire de recherches. — Ce laboratoire a pour base une collection composée des éléments suivants :

1° Une petite collection de roches et fossiles, établie par M. Constant Prévost; 2° la collection d'Alexandre Brongniart, léguée à la Faculté des sciences; 3° des séries considérables de fossiles, rassemblées par M. Hébert depuis 1857, et qui chaque année viennent accroître la grande collection d'études. Toutes ces collections sont inscrites sur les catalogues de la Faculté. Le travail de nettoyage et de préparation matérielle, de moulage, etc., occupe un employé spécial, qui ne suffit même pas à sa tâche. Pour la détermination et l'étude des pièces, le professeur est aidé par M. Munier-Chalmas, préparateur du cours de géologie.

Ce sont ces matériaux et la bibliothèque spéciale constituée récemment dans le laboratoire de recherches qui sont mis à la disposition des jeunes géologues français et étrangers, en même temps qu'ils servent aux travaux du professeur et de ses aides.

Année scolaire 1868-1869. — M. Louis Lartet a étudié dans ce laboratoire les matériaux qu'il avait recueillis pendant son voyage en Orient. Il y a fait ainsi la thèse sur la géologie de la Palestine qui lui a fait obtenir le diplôme de docteur ès sciences naturelles. Ce travail a été publié dans le premier volume de la *Bibliothèque de l'École des Hautes Études.*

Année scolaire 1869-1870. — M. Dieulafait est venu dans le laboratoire terminer ses études sur l'infra-lias dans le sud et le sud-est de la France. (Thèse pour le doctorat ès sciences naturelles, soutenue le 25 août 1870 et publiée dans les *Annales des Sciences géologiques.*)

M. Vélain et M. Hollande ont étudié les matériaux qu'ils avaient rapportés de leur excursion dans les Alpes; M. Vélain a publié dans les *Comptes rendus de l'Académie des sciences* et dans le *Bulletin de la Société géologique de France* le résultat de ces travaux.

M. Cayrol a exploré les Corbières; il est venu déterminer ses collections dans le laboratoire, et le résultat de ses recherches a paru dans les *Comptes rendus de l'Académie des sciences.*

M. Munier-Chalmas prépare une révision de la famille des Rudistes et de celle des Trigonies.

Année scolaire 1871-1872. — M. le docteur Lundgren, *privat docent* à l'Université de Lund (Suède), étudie depuis le 15 décembre, dans le laboratoire, les collections des terrains crétacés, en vue d'un travail sur la craie de Scanie.

M. Ar. Toucas, lieutenant au 87e de ligne, est venu étudier et déterminer les fossiles qu'il avait recueillis dans les environs du Beausset (Var). Il a publié dans le *Bulletin de la Société géologique* un *Essai sur la constitution géologique* de cette région avec une carte.

M. Cayrol continue ses études sur les Corbières : il a publié, dans le *Bulletin de la Société géologique* et dans les *Comptes rendus de l'Académie* des résumés de ses recherches.

M. Munier-Chalmas a été à Sézanne (Marne) explorer les travertins anciens qui reposent sur la craie. Il y a découvert une faune toute nouvelle : des fleurs, des crustacés, des insectes, dont la conservation étonnante constitue un fait des plus remarquables. Il a publié dans le *Bulletin* un aperçu sommaire de cette belle découverte, en indiquant les genres et les espèces qu'il a recueillis.

M. Ch. Vélain a repris pendant les vacances ses travaux dans les Alpes du Dauphiné et de la Provence ; il prépare un travail qui doit paraître prochainement sur la délimitation de la période crétacée et de la période jurassique dans le sud-est de la France. Il a publié dans le *Bulletin de la Société géologique* plusieurs notes sur le même sujet.

Missions. — Suivant l'article 8 du décret de fondation de l'École des Hautes Études, les élèves dont les aptitudes ont été constatées, peuvent être désignés pour remplir des missions scientifiques en France ou à l'étranger.

Conformément à cette disposition, MM. Bachelet, Cayrol, Hollande et Vélain ont été envoyés, en 1869, dans le département des Basses-Alpes, afin de relever quelques points obscurs dans la géologie de cette contrée.

Publications et travaux effectués dans le laboratoire de géologie. — Dans les *Annales des Sciences géologiques*, tome Ier : Louis Lartet, *Essai sur la Géologie de la Palestine et des contrées avoisinantes ;* avec une carte géologique, p. 5 ; — M. Hébert, *Recherches sur l'âge des grès à combustibles d'Helsingborg et d'Hoganas*, p. 117 ; — G. Cotteau, *Description de quelques espèces d'échinides de Suède*, p. 351. — Tome II : L. Dieulafait, *Étude sur* *la zone à* avicula contorta *et l'infra-lias dans le sud et le sud-est de la France*, p. 339.

Dans le *Bulletin de la Société géologique de France*, tome XXVI : M. Hébert, *Sur les couches comprises dans le midi de la France entre le néocomien et les calcaires oxfordiens*, p. 131 ; — *Classification des assises néocomiennes*, p. 214; — *Sur les couches inférieures de l'infra-lias dans le midi de la France*, p. 447 ; — *Observations sur la faune des calcaires de Stramberg et en général sur les couches du tithonique*, p. 588; — *Discussion sur l'âge des calcaires à* Terebratula diphya, p. 671 ; — Notice nécrologique sur M. Hœmes.

Même recueil, tome XXVII : M. Hébert, *Examen de quelques points de la géologie méridionale*, p. 107 ; — *Sur les grès infraliasiques de Scanie (Suède)*, p. 366 ; — *Compte rendu des découvertes faites en Chine par M. de Richstofen*, p. 427 ; — M. Vélain, *Mémoire sur la position des calcaires à* Terebratula janitor, p. 673.

Même recueil, tome XXVIII : M. Hébert, *Le néocomien inférieur dans le midi de la France*, p. 137 ; — M. Vélain, *Limite entre les terrains jurassiques et crétacés dans la Drôme et les Basses-Alpes ;* — M. Toucas, *Essai sur la constitution géologique des environs du Beausset (Var) ;* — M. Cayrol, *Note sur les terrains crétacés des Corbières ;* — M. Munier-Chalmas, *Faune et flore des travertins éocènes de Sézanne*.

Dans les *Comptes rendus de l'Académie*, tome LXXIII : M. Vélain, *Sur la position des calcaires à* Terebratula janitor *dans les Basses-Alpes* (séance du 4 juillet 1870); — M. Cayrol, *Sur la géologie de la Clape*, p. 51 ; — *Sur le terrain crétacé des Corbières* (séance du 6 novembre 1871).

§ 7.

L'étude pratique de la **PHYSIOLOGIE** est d'une grande importance pour les progrès de l'art de la médecine, ainsi que pour l'avancement des sciences naturelles; aussi est-elle cultivée à divers points de vue dans plusieurs laboratoires dépendant de l'École des Hautes Études.

Un laboratoire de recherches pour la physiologie comparée a été organisé dans de très-bonnes conditions au Muséum d'histoire naturelle, et placé sous la direction de M. **CLAUDE BERNARD**, membre de l'Institut. Parmi les travaux qui y ont été faits ou qui sont en voie d'exécution, nous citerons les suivants.

M. le docteur **Armand Moreau**, chef des travaux physiologiques, a publié en 1870, 1871 et 1872 :

1° *Des expériences établissant le rôle du système nerveux dans les sécrétions intestinales*, présentées à l'Académie de médecine en mai et juillet 1870 ; — 2° *une discussion appuyée sur des expériences nouvelles, et réfutation formelle des théories physiologiques relatives à l'action des purgatifs*, travail publié dans les *Archives* de Dubois-Reymond et Reichert, en avril 1870, d'après les travaux exécutés au laboratoire physiologique de Berlin, présentées à l'Académie de médecine le 12 septembre 1871 ; — 3° *des recherches relatives au rôle des nerfs émanant du ganglion cervical supérieur du grand sympathique :* publication commencée à l'Académie de médecine le 30 janvier 1871 ; — 4° *une note sur les congestions veineuses que l'on peut obtenir à volonté sur les animaux*, expériences et mécanisme présentés à la Société philomathique en avril 1872.

M. **Balbiani**, chef des travaux micrographiques, a fait paraître :

1° *Recherches sur le développement et la propagation du Strongle géant* (*Comptes rendus de l'Académie des sciences*, 1869), et *Journal de Robin*, 1869, avec planches ; — 2° *un mémoire sur la génération des Aphides* (publié dans la *Bibliothèque de l'École pratique des Hautes Études* et les *Annales des sciences naturelles*), avec planches ; — 3° *Recherches sur le développement des Phalangides* (*Annales des sciences naturelles* (5e série, tome XVI), avec planches.

Le même naturaliste s'occupe en ce moment de *Recherches embryologiques sur les animaux articulés* (arachnides, insectes, etc.) et d'*Études sur le développement et la structure des organes sexuels dans les différentes classes d'animaux.*

M. le docteur **Gréhant**, aide-naturaliste au Muséum, chef des travaux physiques et chimiques, a fait les publications suivantes :

1° *Composition de l'air qui, dans les petites bronches, est en contact médiat avec le sang* (*Revue scientifique*, n° 9, 26 août 1871); — 2° *Effets produits par l'insufflation des poumons; arrêt de la circulation pulmonaire* (*R. S.*, n° 12, 16 septembre 1871) ; — 3° *Appareil simple pour l'extraction des gaz d'un liquide quelconque* (*R. S.*, n° 14, 30 septembre 1871) ; — 4° *Nouvelles recherches sur la respiration des poissons* (*R. S.*, n° 18);

— 5° *Réduction de l'hémoglobine par la respiration des poissons* (*R. S.*, n° 18) ; — 6° *Extraction de l'oxyde de carbone du sang d'un homme empoisonné par la vapeur de charbon* (*R. S.*, n° 20, 11 septembre 1871) ; — 7° *Excrétion de l'urine par les reins : la ligature des uretères et la néphrotomie sont deux opérations identiques, qui suppriment toutes deux la fonction éliminatoire des reins* (*R. S.*, n° 21, 18 septembre 1871) ; — 8° *Étude des propriétés physiologiques de l'aconitine*, par Duquesnel et Gréhant (n° 21, 18 septembre 1871) ; — 9° *Mesure de la quantité du sang d'un animal par l'emploi de l'oxyde de carbone* (*Comptes rendus de la Société de Biologie*, 1872) ; — 10° *Excrétion supplémentaire d'urée par l'estomac et par des vomissements chez une femme hystérique présentant une anurie presque complète*, par MM. Charcot et Gréhant.

M. **Philipeaux**, docteur en médecine, aide-naturaliste au Muséum, a fait dans ce laboratoire les travaux suivants :

1° *Recherches sur la greffe de dents de Cobaye transplantées dans la crête de jeunes coqs* (*Comptes rendus de la Société de Biologie*, 1869, p. 336) ; — 2° *Recherches sur la greffe d'ergots de coqs dans la crête de ces mêmes animaux ; études sur le mode de développement et d'accroissement des ergots transplantés* (*Société de Biologie*, 1870) ; — 3° *Recherches sur la greffe de la rate dans l'abdomen du* mus rattus (*C. R. A. S.*, 1869) ; — 4° *Expériences montrant que la rate, coupée en deux parties égales chez les individus de l'espèce* mus rattus, *produit ainsi, après cicatrisation des plaies, des rates qui persistent sous cette forme pendant toute la durée de la vie des animaux* (*C. R. S. B.*, 1870) ; — 5° *Expériences* faisant suite aux précédentes, et *par lesquelles il est démontré que l'on peut créer, pour ainsi dire, des animaux à trois rates, en divisant la rate primitive en deux moitiés égales, et en greffant dans leur abdomen par transplantation une rate entière sur un autre animal de la même espèce* (*S. B.*, 1870) ; — 6° *Recherches sur les greffes osseuses* (communiquées à la Société de Biologie) ; — 7° *Recherches sur la régénération du cristallin, après sa rétraction complète chez le lapin* ; — 8° *Recherches relatives à l'action de la température sur le développement des œufs de l'axolotl* (*Arch. phys. nat. et path.*, 1871-1872, n° 1) ; — 9° *Expériences montrant que la moelle osseuse transplantée sous la peau de l'abdomen s'ossifie* ; — 10° *Recherches sur la greffe du périoste transplanté du tibia sous la peau de l'abdomen chez le lapin* (Exp. de M. Ollier) ; — 11° *Recherches* faisant suite aux précédentes, et *montrant que les ossifications produites dans des lambeaux du périoste détachés du tibia sur des lapins, et tenant encore par une de leurs extrémités au périoste laissé en place* (Exp. de M. Ollier), *ne disparaissent pas comme les ossifications qui résultent de la transplantation réelle du périoste, mais sont au contraire durables et permanentes* (Comm. à la Soc. de Biol., octobre 1871) ; — 12° *Expériences ayant pour but d'obtenir la greffe d'un tronçon du nerf lingual entre les deux bouts du nerf hypoglosse chez le chien, pour arriver à réparer une perte de substance subie par ce dernier nerf, et pour voir si les excitations motrices produites sur le bout central du nerf hypoglosse pourraient être transmises au bout périphérique de ce même nerf, par l'intermédiaire du tronçon transplanté du nerf lingual* (en commun avec M. Vulpian) (*Arch. de phys. nat. et path.*, 1869); — 13° *Recherches sur le mode d'accroissement des os en longueur et en grosseur* (en comm. avec M. Vulpian) (*Arch. de phys. nat. et path.*, 1870); — 14° *Expériences montrant que, chez le chien, les lésions même considérables de l'un des hémisphères ne déterminent pas, comme chez l'homme, des dégénérescences secondaires dans la moitié opposée de la moelle épinière* (en comm. avec M. Vulpian) (*Arch. de phys. nat. et path.*, 1869); — 15° *Recherches sur l'anastomose qui existe entre le nerf laryngé supérieur et le nerf récurrent* (en comm. avec M. Vulpian) (*Arch. de phys. nat. et path.*, 1869); — 16° *Note sur la non-mort subite, comme certains auteurs l'ont dit, après la section et la galvanisation des deux nerfs pneumo-gastriques bouts supérieurs, chez les lapins, les poulets et les canards* (présentée à la Société de Biol., mars 1872) ; — 17° *Note sur la possibilité qu'ont les canards de pouvoir continuer à nager sans se mouiller, privés de la glande coxygienne* (présentée à la Soc. de Biol., mars 1872).

Plusieurs jeunes physiologistes, admis dans ce laboratoire de recherches, y font actuellement des travaux.; tels sont :

M. le docteur Bouchard, professeur agrégé à la Faculté de médecine et médecin des hôpitaux : *Recherche et dosage de l'urée dans les liquides organiques de l'homme sain ou malade, par le procédé de Mille, à l'aide d'un appareil perfectionné ;*

Docteur Ossitrowski, envoyé à Paris par le gouvernement autrichien : *Recherche et dosage de la créatine dans le sang et dans les liquides organiques ;*

Docteur Balbiani et docteur Gréhant : *Expériences sur la respiration des infusoires verts ;*

Docteur GRÉHANT et docteur PICARD : *Recherches sur la respiration normale des poissons;*

Docteur GRÉHANT : *Détermination du plus grand volume d'oxygène que le sang puisse absorber chez un animal placé dans des conditions physiologiques déterminées.*

M. JOFFROY, interne en médecine à la Pitié : *Expériences relatives à l'influence des nerfs sur la nutrition des muscles.*

M. J. LEYNIA, élève en médecine, assistant aide.

M. LUNEAU, interne à la Salpêtrière.

M. Lucien MAGON, externe à l'hôpital Saint-Antoine.

Nous ajouterons que M. GRÉHANT a fait à l'école pratique de l'Académie de médecine, en 1871 et 1872, un cours de physiologie dans lequel il insiste sur la technique physiologique. Chaque semaine, des expériences furent faites au laboratoire de physiologie du Muséum, en présence de docteurs en médecine, d'internes des hôpitaux et d'étudiants en médecine dont les noms suivent :

MM.

PICARD;
DE LAURENCEL;
HEARN;
MICHEL;
JAPIOT;
QUERTIER;
SOULAGES;
DÉRODE;
THAOU;
ZOGHIADI;
NOEL;
DUSSONICH;
NUNÈS;
TAILLANT, professeur à l'école de médecine navale de Brest;
ZERILLOU;
DUCASTEL;
MOLASSEZ.

M. le professeur **Claude Bernard** dirige également au Collége de France un laboratoire qui dépend de la chaire de médecine occupée par ce savant. M. le docteur **Ranvier** est chef de ce laboratoire, et pendant l'année scolaire 1872 des études y ont été faites par MM.

KELSCH, docteur agrégé à l'école du Val-de-Grâce;
DURANTI, docteur, de Naples;
REVERDIN, docteur, ancien interne (médaille d'or) des hôpitaux;
MALASSEZ, docteur, interne des hôpitaux de Paris;
DEBOVE, *id.*;
RENAUD, *id.*;
Marc D'ÉPINE, docteur, interne des hôpitaux de Paris;
CURTIS, *id.*;
BOÉCHAT, *id.*;
TAON, *id.*;
MARET, docteur, interne provisoire;
MORAT, docteur, interne des hôpitaux de Lyon.

Les travaux suivants y ont été faits :

1° M. Malassez, *Mémoire sur le* molluscum ;

2° M. Reverdin, *De la greffe épidermique ;*

3° M. Renaud, *Structure du tissu muqueux ;*

4° M. Ranvier, *Des lésions du tissu conjonctif dans l'œdème ;*

5° Le même, *Recherches sur l'histologie et la physiologie des nerfs.*

Les travaux suivants y sont en préparation ou en cours de publication :

M. Malassez, *Structure des kystes de l'ovaire ;*

M. Kelsch, *Des lésions de la dyssenterie ;*

M. Debove, *Des lésions de la fièvre typhoïde ;*

M. Renaud, *Des nodules cartilagineux des tendons ;*

M. Taon, *Des lésions pulmonaires chez les enfants ;*

M. Duranti, *Développement des corps de Wolf ;*

M. Boéchat, *Structure du corps thyroïde ;*

M. Maret, *Des lésions de l'infection purulente ;*

M. Morat, *Du développement des greffes épidermiques.*

§ 8.

Un laboratoire d'enseignement pour la physiologie expérimentale a été fondé à la Sorbonne, et placé sous la direction de M. le professeur **PAUL BERT**. Ce savant exécute devant les élèves et leur fait répéter, autant que cela est possible, les expériences classiques les plus importantes de la physiologie animale. Ainsi, cette année, il a passé en revue les phénomènes relatifs à la composition et à la circulation du sang, aux actes mécaniques et chimiques de la digestion et de la respiration, à l'action des nerfs, au rôle des diverses parties de l'encéphale et de la moelle épinière. Les élèves qui prennent part à ces travaux doivent emporter une idée claire et précise des faits, de la méthode qui préside à leur constatation, des difficultés que celle-ci présente. Les accidents et les insuccès eux-mêmes deviennent ainsi une source d'instruction, et le professeur habile qui dirige cet enseignement n'hésite pas à déclarer que trois mois de ces conférences intimes, que l'on pourrait comparer aux cliniques de nos hôpitaux, sont plus utiles, pour un esprit attentif et sagace, qu'un cours régulier et dogmatique professé pendant toute une année *ex cathedra.* Il est à regretter seulement que l'exiguïté du laboratoire et l'insuffisance du personnel ne permettent pas de leur donner un développement en rapport avec les besoins auxquels ils répondent. Les séances ont lieu deux fois par semaine, et leur durée est de trois à quatre heures. Pendant l'année scolaire courante, elles ont été suivies avec assiduité par

MM.

Baudelocque,	Durand,	Légerot,
C. Blanche,	Ducrocq,	Mocquot,
Duché,	Forestié,	Mongin,

la disposition des locaux ne permettant pas à un plus grand nombre d'élèves d'y assister utilement.

§ 9.

Un autre laboratoire de physiologie consacré principalement à l'étude expérimentale des phénomènes mécaniques de l'économie animale, est placé sous la direction de M. **MAREY**, professeur au Collége de France. Ce savant y a fait des recherches importantes sur le mécanisme du vol et a publié sur ce sujet deux mémoires dans la *Bibliothèque de l'École des Hautes Études*. Un de ses élèves, M. Carlet, vient d'y terminer, sous sa direction, un travail très-intéressant sur la locomotion de l'homme, et le préparateur attaché à ce laboratoire de recherches s'occupe actuellement d'expériences sur les rapports qui existent entre la circulation du sang et la respiration.

§ 10.

La direction d'un laboratoire d'**HISTOLOGIE ZOOLOGIQUE** a été confiée dès la création de l'École des Hautes Études à M. **Ch. ROBIN**, de l'Institut; mais les travaux de ce laboratoire avaient été suspendus après un semestre, faute d'un local pouvant être affecté d'une manière continue à cet ordre d'études. Le laboratoire d'Histologie zoologique vient d'être réouvert le 13 mai dernier rue du Jardinet, n° 8. Le nombre des élèves inscrits jusqu'à ce jour atteint vingt-cinq; mais l'exiguïté du local provisoire n'a permis d'en admettre qu'une partie. Des dispositions sont prises pour doubler l'étendue de ce local à partir du 15 juillet prochain.

Les élèves actuellement admis sont :

MM.

Huet,	Fermin,	Lauzet,
Audibert,	Longe,	Cellard,
Choyau,	Brunbuisson,	J. Bertillon,
Dubuisson,	Gaston,	Guebhard,
Sudnick,	Sinoir,	Brulfert.

Dans ce laboratoire les travaux sont dirigés par M. le professeur Ch. Robin, assisté de M. G. Pouchet. Les élèves y sont exercés exclusivement à l'étude comparative des tissus dans la série zoologique. Les exercices durent tous les jours de midi à six heures.

Le laboratoire d'Histologie zoologique a remplacé le laboratoire libre d'**ANATOMIE GÉNÉRALE** de M. le docteur G. Pouchet. Ce laboratoire, pendant le temps qu'il a été rattaché à l'École des Hautes Études, était resté en pleine activité, et M. Pouchet rend compte des travaux qui s'y sont poursuivis dans les termes suivants :

M. E. Magnand y a fait toute la partie expérimentale de sa thèse pour le doctorat en médecine (*Des effets du chloral hydraté sur les organismes vivants*. Paris, 1871.)

M. Huet y prépare en ce moment une thèse sur les réactions du nitrate d'argent sur les tissus, et y tient depuis plusieurs mois déjà des animaux en expérience.

J'ajouterai que M. l'abbé Fourneyron, professeur au collége ecclésiastique de Lyon, y a employé ses vacances de Pâques à se perfectionner dans l'observation microscopique, que M. Dastre et M. le docteur Raymond, ancien interne des hôpitaux, y font, le soir, un cours d'anatomie et de physiologie, en appuyant leurs démonstrations sur la nombreuse collection microscopique que j'ai dès à présent réunie. Pour apprécier justement les services qu'a pu rendre ce laboratoire, il faut tenir compte des conditions particulières où il est installé, de la direction spéciale et fort peu suivie en France que l'on y poursuit, et enfin de l'absence à Paris de tout enseignement répondant à cette direction, quoique l'*anatomie générale*, fondée dans son ensemble par Bichat, soit une science essentiellement française.

§ 11.

Plusieurs autres laboratoires de recherches, ouverts plus récemment, font aussi partie de la section des sciences naturelles de l'École pratique des Hautes Études.

De ce nombre est le laboratoire d'**ANATOMIE COMPARÉE** institué dans le service de M. Paul **GERVAIS**, professeur au Muséum.

Il y a dans ce laboratoire deux sortes d'élèves : 1° les élèves ordinaires admis pendant la durée du cours à faire des dissections sur l'homme et sur les animaux; 2° des élèves capables de faire des recherches scientifiques et travaillant pour la rédaction de thèses ou mémoires. Ceux-ci sont admis pendant toute l'année ; ce sont plutôt des savants que des élèves proprement dits. Parmi ceux qui ont été autorisés dans le courant de cette année figurent :

M. W. Kowalensky, *Étude monographique du genre de mammifères fossiles connu sous le nom d'*Anchiterium (M. Kowalensky appartient au Muséum de Saint-Pétersbourg);

M. le docteur Alix, *Recherches anatomiques sur l'Hippopotame* (complément des travaux entrepris avec M. Gratiolet);

M. Boulard, *Examen anatomique d'un poisson encore peu connu;*

M. Gripat, *Notice sur un cas de tératologie appartenant à l'espèce humaine.*

D'autres savants ou élèves ont concouru à l'exécution de préparations anatomiques destinées aux collections publiques (MM H. Gervais, P. Lauzier, Morel d'Arleux, Barraud, etc.).

M. H. Gervais a concouru à la direction des élèves qui suivent le cours.

§ 12.

3° Le Laboratoire d'**ANATOMIE PATHOLOGIQUE** et de **PHYSIOLOGIE PATHOLOGIQUE**, dirigé par M. **VULPIAN**, est consacré à des travaux de recherches et a déjà rendu de grands services, malgré son installation très-imparfaite, et il est destiné à devenir plus utile encore, lorsque cette installation aura été complétée. En effet, dans les hôpitaux on se borne presque constamment, lorsqu'on pratique les autopsies, à l'étude des altérations anatomiques que l'on peut constater à l'œil nu, et souvent cette étude est tout à fait insuffisante. Lorsque les chefs de service ou leurs élèves, pour donner plus de certitude aux résultats de leurs observations, désirent y joindre des descriptions histologiques, c'est presque toujours au laboratoire de l'École pratique qu'ils adressent les pièces à examiner.

Il en résulte que, chaque année, il sort du laboratoire de recherches un grand nombre de notes ou documents dont l'énumération est impossible, et qui sont rédigés soit par M. Vulpian lui-même, soit par ses préparateurs, soit par un des jeunes médecins admis à y travailler. La plupart de ces notes sont insérées, soit dans des publications spéciales, soit dans les comptes rendus de sociétés savantes (Société Anatomique, Société de Biologie, etc.).

Les jeunes médecins qui travaillent actuellement dans le laboratoire, sous la direction du professeur ou de ses préparateurs, MM. les docteurs Hayem et Carville, sont au nombre de huit :

Ce sont MM.

Liouville,	Chouppe,	Reclus,
Troisier,	Labadie-Lagrave,	Brissaud.
Coyne,	P. Oulmont,	

Les derniers travaux exécutés dans le laboratoire, en laissant de côté ceux du professeur, sont les suivants :

1° Divers *Mémoires sur le mécanisme de la suppuration* (*Comptes rendus et Mém. de la Société de Biologie* et *Archives de Physiologie*), par M. Hayem ;

2° *Études sur les myosites symptomatiques*, par M. Hayem (*Archives de Physiologie*, de MM. Brown-Séquard, Charcot, Vulpian);

3° *Note sur l'anatomie pathologique du scorbut*, par M. Hayem (*Société de Biologie*);

4° *Contribution à l'étude anatomopathologique de la méningite cérébro-spinale tuberculeuse*, par M. Liouville (*Société de Biologie*);

5° *Recherches expérimentales sur l'albuminurie produite par l'injection de substances organiques azotées dans le sang*, par M. Calmettes (*Archives de Physiologie*);

6° *Note sur les fibres musculaires du diaphragme chez le fœtus*, par M. J. Cazalis (*Archives de Physiologie*);

7° *Note sur l'état de la moelle épinière dans un cas d'hémimélie unithoracique*, par M. Troisier (*Archives de Physiologie*);

8° *Note sur un cas d'érysipèle tuberculo-caséeux*, par M. Coyne (*Archives de Physiologie*).

Les travaux en cours d'exécution sont les suivants :

1° *Études sur l'action physiologique de l'oxyde de carbone*, par M. Carville ;

2° *Recherches sur les variations manométriques de la tension artérielle*, par MM. Carville et Hayem;

3° *Nouvelles études sur le processus inflammatoire*, par M. Hayem ;

4° *Études sur l'anatomie pathologique de la syphilis*, par le même;

5° *Recherches sur les inflammations ulcéreuses de la peau*, par M. Troisier;

6° *Études sur les altérations des cartilages*, par MM. Coyne et Troisier;

7° *Recherches sur le pouvoir digestif de la muqueuse stomacale dans diverses maladies*, par M. Carville;

8° *Recherches relatives à la production de l'apnée par des injections de sang oxygéné*, par M. Carville ;

9° *Recherches sur l'action physiologique de la thébaïne*, par M. Miran-Arzerouny;

10° *Recherches sur la pneumonie caséeuse*, par M. Chouppe, etc.

Il faut ajouter à ces indications que c'est dans le laboratoire de recherches que se font les nombreuses préparations destinées aux démonstrations pratiques du cours de M. Vulpian.

§ 13.

Le laboratoire d'**ANTHROPOLOGIE**, fondé à la faculté de médecine par M. le professeur **BROCA**, a été rattaché à l'École pratique des Hautes Études, et ce savant rend compte des résultats obtenus dans les termes suivants :

« Les travaux du laboratoire ont été nécessairement suspendus pendant le siége de Paris ; le directeur, le préparateur et la plupart des élèves appartenaient, à divers titres, au corps médical, et durent consacrer tous leurs soins au service des ambulances. Au mois de mars 1871, nous commencions déjà à reprendre nos recherches, lorsque éclata l'insurrection de la Commune. La plupart de mes collaborateurs durent alors quitter Paris pour se soustraire à l'enrôlement de la garde dite nationale. Retenu à Paris pendant cette période néfaste par mes fonctions de chirurgien d'hôpital, je passai la plus grande partie de mon temps dans le laboratoire, où deux jeunes gens seulement me prêtèrent leur concours : M. Pozzi, interne des hôpitaux, nommé depuis aide d'anatomie à la faculté de médecine, et M. Schudzinski, que sa qualité d'étranger affranchissait de l'enrôlement forcé.

« Ces deux mois d'avril et mai 1871 furent consacrés à un travail qui a enrichi le laboratoire d'une collection importante de moules cérébraux. Cette collection, composée de plus de cent pièces, et plus riche, je pense, qu'aucune autre du même genre, comprend : 1° les moules des circonvolutions cérébrales de la plupart des singes et de plusieurs autres mammifères ; 2° de nombreux moules représentant les principales phases du développement du cerveau humain ; 3° d'une série de moules représentant les variétés et surtout les anomalies du cerveau de l'homme.

« La plupart des pièces qui ont été ainsi reproduites avaient été recueillies depuis longtemps et conservées dans les liquides. Mais tout le monde sait combien ces pièces conservées sont fragiles; il est difficile de les confier aux élèves et de les leur montrer dans les cours. Notre collection de moules leur rendra donc un grand service et facilitera beaucoup nos recherches. D'ailleurs, de nouveaux procédés de moulage nous ont permis de conserver dans toute leur intégrité les pièces originales.

« Les collections du laboratoire se sont enrichies, en outre, depuis 1869, date de mon dernier rapport, d'un grand nombre de pièces anthropologiques, parmi lesquelles je citerai : 1° une collection de onze crânes de Guanches que j'ai achetée ; 2° une collection de vingt-deux crânes et un squelette entier de Nubiens, que j'ai rapportés de l'île d'Éléphantine ; 3° un squelette entier d'Égyptien de la XIe dynastie ; 4° deux squelettes de nègres ; 5° le squelette d'un géant de notre race ; 6° trois crânes d'idiots microcéphales et plusieurs crânes artificiellement déformés ; 7° une collection de seize crânes provenant de la caverne de l'Homme-Mort, près Saint-Pierre-des-Tripiés (Lozère), et ayant appartenu à une race de troglodytes antérieure à l'époque des dolmens. Les fouilles de cette caverne ont été commencées par M. le docteur Prunières et terminées sous mes yeux avec le concours de ce savant confrère.

« Je citerai encore les pièces relatives à l'anthropologie zoologique, c'est-à-dire à l'anatomie comparée de l'homme et des animaux qui se rapprochent le plus de son type. Notre collection de crânes et de squelettes de singes est toujours en progrès et sera bientôt complète. Nous possédons, en outre, pour nos dissections de chaque jour, un grand nombre de ces animaux conservés dans l'alcool, et provenant pour la plupart du Jardin d'acclimatation.

« Toutes les pièces disséquées sont dessinées et le plus souvent même représentées en couleurs. Ces planches forment déjà trois grands albums que les élèves du laboratoire consultent continuellement. Parmi les sujets représentés sur nos planches, je citerai : *la myologie du chimpanzé* (M. Broca) ; — *la myologie de la moue* (M. Lecomte) ; — *la myologie du cynocéphale sphinx* (MM. Broca et Hamy) ; — *les muscles de la plante du pied dans la série des singes* (M. Schudzinski) ; — *la série à peu près complète des encéphales des singes* (M. Broca) ; — *l'anatomie comparée du péritoine chez les primates* (M. Broca).

« J'ai réuni, en outre, dans la bibliothèque du laboratoire les principaux atlas et ouvrages d'anatomie comparée concernant l'anthropologie zoologique et la craniologie. Ces ouvrages sont mis à la disposition des élèves.

« *La craniologie*, branche si importante de l'anthropologie, occupe le premier rang parmi nos travaux.

« Je me suis attaché à créer une collection qui n'existe nulle part : celle des instruments craniométriques et craniographiques. Chaque auteur a imaginé des instruments destinés, les uns à des études générales, les autres à l'étude de certains faits particuliers. Ces instruments sont loin d'avoir tous la même valeur ; mais il est nécessaire de les connaître : plusieurs sont très-compliqués et, pour en bien comprendre le mécanisme, il faut les avoir sous les yeux.

« J'ai fait venir de l'étranger plusieurs de ces instruments ; j'ai fait construire les autres à Paris ; j'y ai ajouté enfin un grand nombre d'instruments nouveaux.

« Nous possédons ainsi tous les céphalomètres, craniomètres, goniomètres, craniographes, stéréographes, physionotypes, profilomètres, anthropomètres, tous les appareils pour le cubage des crânes, etc.

« Tous ces instruments sont mis à la disposition des personnes qui fréquentent le laboratoire, et notamment des membres de la Société d'anthropologie, qui en ont besoin pour leurs recherches.

Les élèves sont exercés au maniement des instruments par M. le docteur Hamy, préparateur du laboratoire, et par mon préparateur particulier, M. Schudzinski.

« Le laboratoire est ouvert aux élèves tous les jours, de une heure à six heures de l'après-midi. Parmi ces élèves, quelques-uns se proposent d'entreprendre des recherches anthropologiques; d'autres demandent seulement à être initiés à l'étude pratique de l'anthropologie. Pour ces derniers, qui sont de beaucoup les plus nombreux, j'avais institué dans l'origine des conférences qui se tenaient dans le laboratoire même; mais le local se trouva bientôt insuffisant, et je fus obligé, au mois de janvier 1870, d'en choisir un autre. M. le doyen de la faculté mit à ma disposition une assez vaste salle située sous les combles du musée Dupuytren, au-dessus du laboratoire. Mes douze conférences de l'année 1870 furent consacrées à l'*anatomie comparée de l'homme et des primates.* Cette année-là, M. le docteur Hamy se chargea d'enseigner la craniologie, et fit sur ce sujet, dans la salle Gerson, un cours qui eut beaucoup de succès. En outre, il fit dans le laboratoire des démonstrations où les élèves, divisés en séries de six, étudiaient de plus près les pièces présentées dans les conférences et s'exerçaient à la craniométrie.

« Cet enseignement, suspendu en 1871, a été repris cette année. Mes conférences, relatives à la *craniologie générale*, ne sont pas encore terminées. Elles ont lieu le soir dans le second amphithéâtre de la Faculté de médecine. Elles sont suivies par un certain nombre de docteurs et de membres de la Société d'anthropologie; mais les étudiants en médecine forment la plus grande partie de l'auditoire, et le goût qu'ils manifestent ainsi pour une science qui avoisine leurs études, mais qui n'en fait cependant pas partie intégrante, prouve que la jeunesse de notre école sait travailler dans le seul but de s'instruire, et sans y être stimulée par la nécessité des examens.

« Les travaux du laboratoire sont de trois ordres :

« 1° Les recherches exécutées continuellement par le directeur, les préparateurs et les docteurs ou élèves qui fréquentent assidûment le laboratoire;

« 2° Les études ou observations faites sur les pièces de nos collections ou à l'aide de nos instruments par les personnes étrangères au laboratoire;

« 3° Enfin les déterminations et descriptions d'ossements déposés pour un temps dans le laboratoire par les personnes qui, comme les archéologues, désirent confier à des hommes spéciaux la partie anatomique de leurs recherches. Nous nous faisons toujours un devoir de donner cette satisfaction aux personnes qui réclament notre concours.

« Parmi les travaux du premier groupe, je signalerai les mémoires de M. Hamy sur *l'épine nasale* dans ses rapports avec l'évolution de l'os intermaxillaire (1870) [1], et son mémoire sur *les proportions des os du membre supérieur suivant les âges et suivant les races*, publié dans le premier numéro de la *Revue d'anthropologie*. M. Hamy a publié en outre, en 1870, un *Précis de paléontologie humaine* (un vol. in-8°), ouvrage important, dont la partie anatomique repose principalement sur les recherches qu'il a faites dans le laboratoire.

« Deux mémoires de M. Pozzi *sur les anomalies réversives des muscles péroniers latéraux* (1871), et *sur le lobe azigos ou lobus impar du poumon humain* (1872).

« Une thèse très-importante de M. Sauvage *sur l'état sessile des os du crâne*. Cette thèse a obtenu le premier prix des thèses à la faculté de médecine (1870). M. Sauvage a en outre fourni, pour la *Revue d'anthropologie*, un mémoire *sur les ossements humains fossiles du mont Danèse*.

« La thèse de M. le docteur Pommerol *sur les sutures du crâne à l'état normal et à l'état pathologique* (1870).

« Le mémoire de M. le docteur Nepveu *sur les corpuscules de Pacini chez l'homme et chez les singes*, avec 2 planches. (Ce mémoire a paru dans la *Bibliothèque de l'École des Hautes Études*.)

« La thèse de M. Lecourtois *sur le développement des sutures crâniennes et sur l'ostéogénie normale et pathologique du crâne* (1871). Ce travail important repose sur l'étude de plusieurs centaines de pièces que l'auteur a recueillies dans les hôpitaux et dans les amphithéâtres d'anatomie. Il a fait don de ces pièces au laboratoire. Nous lui devons, en outre, une collection des principaux os des membres aux diverses époques de leur développement.

« Pour compléter l'énumération des publications émanées du laboratoire, j'ajouterai ici les titres des mémoires d'anthropologie que j'ai publiés moi-même depuis deux ans : *L'ordre des primates* (1870) ; *La déformation toulousaine du crâne et son influence sur le cerveau* (1871) ; *La constitution des vertèbres caudales chez l'homme et les primates sans queue* (1871) ; *Recherches sur l'indice nasal* (1872) ; *sur le cubage des crânes* (1872).

1. M. Hamy était déjà l'auteur d'une thèse remarquable soutenue en 1867 sur *l'os intermaxillaire de l'homme*.

« La commission chargée par la Société d'anthropologie de préparer des *Instructions générales pour les études craniologiques*, compte au nombre de ses membres, outre le directeur du laboratoire, MM. Hamy et Pozzi ; c'est donc tout naturellement dans le laboratoire qu'elle exécute ses recherches et ses travaux. Sa mission est de déterminer le degré d'utilité des innombrables mesures qui ont été proposées par les divers auteurs, de choisir celles qui ont une valeur réelle, et de soumettre celles-ci à des procédés parfaitement réguliers, afin que les recherches faites par des personnes différentes deviennent comparables entre elles. Ce travail, long et minutieux, est aujourd'hui terminé. Un premier rapport, relatif à la détermination de la capacité du crâne, a déjà été communiqué par moi à la Société d'anthropologie. M. Pozzi s'occupe actuellement de la rédaction de la seconde partie du rapport.

« Divers travaux sont, en outre, en cours de préparation ; entre autres, un travail de M. Hamy sur l'*anatomie comparée des muscles de la face*, et un travail très-étendu de M. Schudzinski sur l'*anatomie comparée des muscles du pied chez les primates.* M. Schudzinski, parvenu au terme de ses études médicales, a choisi ce sujet pour sa thèse inaugurale. Je me plais à signaler le zèle remarquable de ce jeune savant, qui passe pour ainsi dire sa vie dans le laboratoire. Il joint à l'art de l'anatomiste une connaissance approfondie de tous les instruments anthropologiques. Nous lui devons un album craniographique de plus de 200 planches, dessinées avec notre stéréographe et reliées en volume.

« Je mentionne aussi les recherches encore inédites de M. Lecomte sur la myologie du *cercopithecus mona*. M. Lecomte, ancien ingénieur civil des mines, consacre ses loisirs à l'étude de l'anatomie comparée des primates. Dix planches, dessinées par lui d'après les pièces qu'il a disséquées, représentent toute la myologie de la mone et font partie de nos albums.

« Lorsque mon laboratoire, créé dans l'origine pour mes recherches particulières, fut annexé, en 1868, à l'École des Hautes Études, j'annonçai en séance publique, à la Société d'anthropologie, que les instruments, collections, albums, en un mot toutes les ressources du laboratoire seraient désormais tenues à la disposition des membres de la Société. Par suite de cette invitation, plusieurs de mes collègues sont venus fréquemment travailler avec nous, soit pour se perfectionner dans le maniement des instruments, soit pour recueillir des faits ou compléter des observations qui devaient figurer dans leurs travaux. Je citerai, entre autres, MM. les docteurs Magitot, Félix Voisin, Dally, Letourneau, Bertillon, et surtout M. le docteur Topinard, qui est venu étudier à fond les procédés craniométriques et craniographiques, et qui compte désormais au nombre des craniologistes les plus sérieux. Ses mémoires *sur les Tasmaniens et sur les Australiens* sont des travaux d'une grande valeur, entièrement basés sur l'étude scientifique et rigoureuse des caractères anatomiques. M. Topinard a ajouté plusieurs perfectionnements aux procédés craniométriques. Il est l'inventeur d'un appareil instrumental, aussi simple qu'ingénieux, à l'aide duquel toutes les dimensions du crâne sont déterminées par voie de projection et de coordonnées rectangulaires. C'est un honneur pour le laboratoire d'avoir formé cet élève distingué et d'avoir déterminé sa vocation pour les études anthropologiques.

« Enfin, un certain nombre de pièces provenant de fouilles archéologiques ou paléontologiques ont été envoyées au laboratoire pour y être déterminées ou décrites. La Société des sciences de Semur nous a confié l'étude des ossements humains extraits du tumulus de Genay; une note, rédigée par M. Hamy a été publiée dans les Bulletins de cette Société. Nous avons eu encore à examiner les fossiles humains (et autres) que M. Reboux a découverts dans le bassin de Paris, les crânes humains fossiles trouvés à Grenelle par M. Martin, deux crânes grecs du siècle de Périclès envoyés d'Athènes par M. Palis, un crâne phénicien et deux anciens crânes syriens envoyés d'Alexandrie par M. Gaillardot, et plusieurs crânes extraits des dolmens de la Lozère par M. le docteur Prunières. Nous nous efforçons ainsi, tout en nous instruisant nous-mêmes, de rendre service aux personnes qui nous font l'honneur de s'adresser à nous.

« J'ajoute, en terminant, que deux voyageurs scientifiques, M. Pinart, partant pour l'Amérique russe, et M. le docteur Goyard, partant pour l'Australie, sont venus chercher des instructions pratiques dans le laboratoire et s'exercer à l'anthropométrie et à la craniométrie.

« L'exposé sommaire qui précède suffira, je l'espère, pour montrer que le laboratoire d'anthropologie de l'École des Hautes Études s'est montré digne d'approbation; qu'il a rendu des services réels à la science, à la fois par les travaux qu'il a produits ou facilités et par l'enseignement pratique qui y a été institué. J'ai lieu de croire que cet établissement est jusqu'ici le seul en son genre. Il existe à Paris un autre laboratoire d'anthropologie attaché à la chaire d'anthropologie du Muséum; il en existe quelques autres dans les universités étrangères : mais ces laboratoires sont destinés exclusivement aux recherches des professeurs et à la préparation de leurs cours. Les élèves n'y sont pas attirés et initiés aux études pratiques. En d'autres termes, il y a des cours d'anthropologie, mais non des écoles d'anthropologie, et je crois avoir répondu à la pensée qui a présidé à la fondation de l'École pratique des Hautes Études en faisant concourir, autant que je l'ai pu, mon laboratoire à l'instruction des élèves.

« M. le doyen de la Faculté, convaincu de l'utilité de cet enseignement complémentaire, qui trouve si bien sa place dans une faculté où les études anatomiques ont une importance de premier ordre, a bien voulu le favoriser en mettant à ma disposition un local très-convenable pour l'installation d'un *musée anthropologique*. Les collections déjà nombreuses du laboratoire formeront le premier fond de ce musée, qui pourra, je l'espère, s'accroître rapidement. Par mes relations avec les chirurgiens de la marine et avec les médecins étrangers, et grâce au concours du ministère de la marine, que je dois à la recommandation du ministre de l'instruction publique, je pourrai obtenir de nombreux envois. La faculté possède un riche musée d'anatomie humaine, et un musée d'anatomie comparée et de zoologie suffisant pour l'instruction des élèves; mais l'anthropologie, qui devait former pour ainsi dire la tête du musée d'anatomie comparée, n'y est représentée que par un squelette de nègre. Cette lacune fâcheuse sera comblée sous peu de jours, grâce à l'activité de mes collaborateurs du laboratoire d'anthropologie. »

§ 14.

Le premier laboratoire de recherches installé en province pour le service des sciences naturelles fut celui de la Faculté des sciences de Marseille, organisé par les soins de M. le professeur **LESPÈS**.

Marseille est une localité particulièrement favorable pour l'étude anatomique et physiologique des animaux marins, et M. Lespès réunit toutes les conditions nécessaires pour bien guider les élèves placés sous sa direction. Aussi les résultats obtenus pour cet essai ont-ils pleinement répondu à l'attente de l'administration supérieure. Déjà le laboratoire zoologique de Marseille a formé deux jeunes investigateurs, qui sont venus faire leurs preuves devant la Faculté des sciences de Paris, et y ont obtenu le diplôme de docteur ès sciences naturelles. L'un de ces jeunes savants est M. Moquin-Tandon, à qui l'on doit un travail anatomique fort estimable sur l'organisation des mollusques du genre Ombrelle ; l'autre est M. Marion, qui s'est livré à une longue série de recherches sur la structure des vers nématoïdes. L'une et l'autre de ces publications ont paru dans le troisième volume de la *Bibliothèque de l'École des Hautes Études*, et le travail de M. Marion a remporté un des *grands prix décernés par l'Académie des sciences*. Ce fait suffit pour rendre superflu tout éloge, et pour montrer combien l'École pratique de Marseille pourra rendre d'importants services à la zoologie française.

§ 15.

Plus récemment un laboratoire physiologique a été fondé à Montpellier et placé sous la direction de M. le professeur **ROUGET**. L'enseignement pratique de la physiologie expérimentale semble devoir être particulièrement utile pour les étudiants en médecine de l'école de Montpellier, et nous avons tout lieu de penser que M. Rouget en obtiendra d'excellents résultats. Ce savant rend compte dans les termes suivants des travaux accomplis sous sa direction en 1869 et en 1870 :

I. *Observations sur le genre Zonite*, par M. E. Dubreuil. — Division du genre *Zonite* en 4 groupes, fondés sur les différences observées dans la disposition de l'appareil génital des différentes espèces : 1er groupe, *Zonites* proprement dits ; 2e groupe, *Hyalines ;* 3e groupe, *Mesomphyx ;* 4e groupe, *Leucochroa*.

II. *Description de l'appareil génital du Leucochroa candidissima,* par M. E. Dubreuil. — Ce genre est pourvu d'une poche copulatrice qui manque dans les autres groupes du genre Zonite, et d'une prostate pédicellée en communication avec le vagin par un canal étroit. Les organes génitaux mâles sont pourvus d'un *flagellum* qui manque chez les Mesomphyx.

III. *Mémoire sur l'anatomie et la physiologie de l'appareil génital de l'*Helix aspersa, par M. Léon Dumas. — Description très-exacte des différents organes des appareils génitaux mâle et femelle. Discussion sur les usages de ces parties. Observations confirmant l'existence d'une double copulation simultanée, et contraires à l'opinion d'après laquelle chaque individu jouerait tantôt le rôle de mâle, tantôt celui de femelle, suivant l'état de développement de l'appareil mâle ou de l'appareil femelle.

IV. *Observations sur les effets de l'intoxication par le gaz oxyde de carbone, et sur la transfusion du sang, comme moyen de ramener à la vie les animaux empoisonnés par ce gaz*, par **M. N.** Perreymond, aide de physiologie. — Ce travail, entrepris sur mes indications et sous ma direction, a fourni des résultats importants. Il établit que l'oxyde de carbone tue en supprimant l'action au centre nerveux encéphalo-rachidien par l'arrêt des phénomènes de nutrition. Cet arrêt résulte de l'altération spéciale des globules du sang qui ont présenté un caractère non signalé jusqu'à présent, un gonflement coïncidant avec la coloration rouge, tandis que dans le sang, rouge artériel normal les globules sont au contraire plus petits et déprimés au centre. Les expériences de transfusion ont ressuscité quatre animaux sur cinq, lorsque la transfusion a été faite après un arrêt complet de la respiration, pourvu qu'il y eût encore quelques battements du cœur.

V. *Mémoire sur l'*Anagyris fœtida, *ses effets toxiques et son action physiologique*, par le docteur F. Arnoux. — Ce travail, qui a été présenté comme thèse inaugurale, et qui a obtenu le prix Fontaine, décerné par la Faculté à la meilleure thèse de l'année, a été exécuté, pour ce qui concerne la partie physiologique et expérimentale, dans le laboratoire de l'École des Hautes Études, et les expériences les plus importantes, celles qui ont trait à l'élévation de température des muscles pendant le tétanos, au mode d'action de l'agent toxique sur les muscles, les nerfs et les centres nerveux, ont été entreprises à mon instigation et sous ma direction. Ce nouvel agent, dont ce travail a, pour la première fois, fait connaître l'action physiologique, d'où se déduit l'action thérapeutique, présente de grandes analogies avec la *fève de Calabar*, un des agents les plus utiles découverts et introduits dans la thérapeutique par la physiologie. Les travaux qui précèdent sont entre mes mains, en manuscrit, sauf le dernier qui est imprimé.

Un professeur agrégé de notre École, **M. Sabatier**, attaché à la section d'Anatomie et de Physiologie, a également poursuivi, pendant le printemps et le commencement de l'été de 1870, des recherches importantes *sur la circulation chez les reptiles et les oiseaux plongeurs, comparée à la circulation chez l'embryon des animaux supérieurs et de l'homme*. Ce travail a été interrompu par la guerre, M. Sabatier ayant pris la direction de l'ambulance du Midi.

Nous ajouterons ici la liste des travaux personnels du professeur directeur pendant la même année scolaire : 1° *Nouvelles recherches sur la structure et le développement des muscles striés.*—2° *Étude du développement des différentes formes des tissus conjonctifs.* — 3° *Développement des fibrilles des muscles et des fibrilles du* cylinder axis *des nerfs par la fusion des granulations protéiques du protoplasma cellulaire.*—4° *Des fonctions du noyau, du protoplasma, de leur constitution élémentaire et du mode de formation des enveloppes cellulaires.*—5° *Recherches sur le développement de l'œuf chez les articulés et chez les vertébrés.* Il a exposé, dans ses cours des deux dernières années, les résultats des précédentes recherches; elles seront publiées dans un Traité de physiologie générale dont il prépare les matériaux. — 6° *Mémoire complémentaire sur la contraction musculaire* (la première partie a été publiée dans les *Comptes rendus de l'Académie des Sciences*, en 1870) ; *de l'Asymptose* (persistance du raccourcissement des fibres musculaires) *dans la contraction instantanée et la contraction soutenue* (tétanos). Démonstration expérimentale de la prédominance de la contraction sur l'allongement, par suite de la fatigue et de l'épuisement qui ralentissent la réparation nutritive. Nouvelle preuve à l'appui de la théorie de la contraction qui correspondrait à la période d'inactivité du muscle. — 7° *Recherches expérimentales sur la coïncidence de l'échauffement du muscle avec la période de contraction.* La chaleur se manifeste comme force libre au moment même où la contraction se produit : la contraction ne saurait donc être considérée comme un mouvement résultant de l'emploi ou de la transformation de la chaleur. Cette force devenant sans emploi au moment où la contraction remplace l'état d'allongement, il est au moins probable que c'est la chaleur qui détermine l'allongement du muscle.

Ces deux mémoires paraîtront prochainement dans les *Archives de Physiologie*.

§ 16.

Un laboratoire de **ZOOLOGIE PALÉONTOLOGIQUE**, placé sous la direction de M. le professeur **E. DESLONGCHAMPS**, a été ouvert récemment à la Faculté des sciences de Caen, ville dont la position à proximité de la mer, et au milieu de terrains classiques en géologie et particulièrement riches en fossiles, est très-favorable pour les études de cet ordre.

Les travaux du laboratoire d'enseignement ont pour objet :

1° La détermination d'animaux appartenant à tous les embranchements du règne animal faite sur le vif, un échantillon de l'animal à étudier ayant été remis à chacun des élèves ;

2° La détermination des principaux organes des mêmes animaux ;

3° Comparaison des divers types animaux ;

4° L'étude des organes de respiration, de circulation et de digestion ;

5° L'étude du système nerveux dans les divers groupes cités ;

6° Les préparations faites, soit à la loupe, soit au microscope.

Les étudiants dont les noms suivent ont pris part à ces divers exercices :

MM.

Barbulée, dit Bulot,
Lecène,
Barbot,
Moutier,
Gosset,
Marguerie,
Chatellier,
Letourey,
Lance-Briand,
Planquette,
Labbé,
Leluan,
Le Cam,
Le Monnier,
Herbert,
Hamon (Octave),
Hamon (Henri),
Foucher,
Drouin,
Richard,
Trillert,
Ragot,
Bréville,
Lie,
Barrabé,
Culey.

D'autres travaux, d'un ordre plus élevé, ont été faits par quatre étudiants qui se préparent à la licence ou au doctorat :

MM.

Goesle, préparateur au lycée;
Morel de Glarville, licencié en droit ;
Bernard, licencié en droit ;
Tranchant, maître répétiteur au lycée.

M. le directeur du laboratoire rend compte de leurs travaux dans les services suivants :

« M. Goesle a continué ses études sur les oiseaux et préparé sur ce sujet un travail fort important, en prenant le système osseux de ces animaux au point de vue des trous respiratoires.

« M. Morel de Glarville s'est occupé principalement d'études paléontologiques. En prenant pour base de son travail les pièces de la collection d'anatomie comparée, il a pu rétablir et restituer une pièce unique par sa beauté et sa conservation, c'est-à-dire une tête d'une énorme espèce de téléosaurien qu'il avait recueillie lui-même dans les falaises du littoral. M. Morel de Glarville ne s'est pas borné à ce travail; il a aidé le professeur à la classification des mollusques de la collection, et la Faculté des sciences lui doit une grande partie de cette importante œuvre.

« MM. Bernard et Tranchant ont fait de nombreuses dissections, qui ont porté principalement sur les poissons, les mollusques et les crustacés. Une étude complète de la perche fluviatile au point de vue du système musculaire, du système respiratoire et du système nerveux, a été la plus importante série de préparations faites par M. Tranchant. »

M. E. Deslongchamps a dirigé ses élèves dans des excursions faites soit aux carrières des environs de Caen, soit sur le littoral du Calvados lors des grandes marées du printemps, qui ont donné lieu à des découvertes très-importantes, dont la principale a été celle d'un ichthyosaure qui a été préparé par les étudiants désignés ci-dessus.

D'autres laboratoires affectés au service des sciences naturelles sont en voie d'organisation dans plusieurs villes universitaires des départements; mais nous croyons inutile d'en parler ici : car dans ce rapport nous ne voulions rendre compte que des faits accomplis, afin de donner au public les éléments nécessaires pour l'appréciation du rôle que l'École pratique des Hautes Études est appelée à remplir dans notre système d'enseignement supérieur.

SECTION DES SCIENCES PHYSICO-CHIMIQUES.

§ 1.

Le laboratoire d'enseignement de **PHYSIQUE** dirigé par **M. DESAINS**, professeur à la Faculté des Sciences, a été ouvert de nouveau le 20 juin 1871. Depuis cette époque, cinquante élèves se sont présentés pour prendre part aux travaux de ce laboratoire. Les séances ont lieu quatre fois la semaine, de neuf à onze heures du matin. Il est fermé le mardi et le samedi, jours des cours de Physique de la Faculté.

Les élèves y apprennent d'abord à faire toutes les expériences qu'ils peuvent être appelés à répéter dans les épreuves pratiques de la licence et de l'agrégation. Ils y apprennent en outre le maniement des appareils de projection, si employés maintenant dans l'enseignement. Chacun peut s'exercer à reproduire avec ces appareils les brillants phénomènes de l'optique, et tous se familiarisent avec les mesures électriques et les déterminations magnétiques de tous genres. Enfin, un atelier de photographie et un atelier de galvanoplastie font partie du laboratoire et les élèves y prennent des notions assez étendues sur ces branches importantes de la science appliquée.

Lors de l'installation primitive, on ne comptait admettre à ces manipulations de physique que trente élèves par an. Ce nombre, comme on le voit, est de beaucoup dépassé, et comme les allocations annuelles n'ont point été accrues, il en résulte souvent une gêne véritable dans le service.

Noms des élèves qui depuis un an se sont inscrits pour prendre part aux travaux du laboratoire d'enseignement de Physique :

MM.

Gay,
Joly,
Gayon,
Vierne,
Demartry,
Barré,
Imber,
Asselin,
Millot,
Prunier,
Louvier,
Motte,

Gouge,	Tomasi,	Muller,
Jablonski,	De Villemonte,	Robinet,
Grenet,	Gerente,	Bormant,
Savigny,	Auvert,	Legos,
Rousseau,	Meynier,	Neresse,
Bourré,	Avenard,	Angot,
Bidaut,	Buys,	Lipmann,
Richard,	Bourdel,	Hostein,
Ferrati,	Vannier,	Levy,
Depasse,	Tavoillot,	Grivaux,
Dreyfus,	Schamacka,	Dufet,
De Moustier,	Genouille,	Sur.
De Lacerda,	Frasa,	

Le chef des travaux du laboratoire est M. **Branly**, ancien élève de l'École normale, agrégé des Sciences physiques. M. Branly a puissamment contribué à l'installation du service et en outre, depuis son entrée en fonctions, il a présenté deux mémoires à l'Académie : l'un, daté du 8 février 1872, est le premier chapitre d'une longue série de recherches que l'auteur poursuit sans relâche, il a pour titre *Mesure de la polarisation dans l'élément voltaïque*. L'autre, plus ancien (29 novembre 1869), est relatif à l'étude du rayonnement solaire à différentes altitudes. Ce mémoire avait été fait en collaboration avec le directeur du laboratoire.

§ 2.

Le laboratoire de **M. JAMIN**, membre de l'Institut, professeur à la Faculté des sciences et à l'École polytechnique, est consacré spécialement à des travaux de recherches. Il n'est point destiné à répéter des expériences connues, mais à fournir aux personnes qui se vouent aux sciences les moyens de poursuivre des travaux d'investigation. Il n'a pas eu beaucoup d'élèves : car le nombre des jeunes gens qui ont la vocation scientifique n'est jamais considérable, et d'ailleurs la nécessité de se livrer à des travaux prolongés, sans rénumération, sans la promesse assurée d'un avenir, éloigne ceux qui n'ont pas une existence assurée. Les bienfaits de cette institution seraient notablement accrus, si les laboratoires de recherches devenaient comme une école d'application des Facultés et de l'École normale, si les élèves y trouvaient un traitement suffisant pour satisfaire à leurs besoins urgents jusqu'à leur doctorat, et s'ils avaient l'espoir d'être placés dans les Facultés soit comme agrégés, soit comme professeurs.

Malgré cette lacune, le laboratoire de recherches a recueilli et conserve encore des élèves distingués, et quelques savants pleins d'avenir, parmi lesquels je citerai

MM.

Richard,	Champagneur,	Carré,
Roger,	Hubert,	Prilleux
Benoit,	Boniol,	Commandant Trève,
Amaury,	Argyropoulos,	Delestrée.
Descamps,	Said-Effendi,	

M. Descamps est devenu docteur; MM. Richard, Roger, Benoît, Amaury, le seront prochainement.

On jugera de l'activité qui règne dans ce laboratoire par la liste suivante des travaux qui y ont été exécutés ou qui sont en cours d'exécution :

1° *Sur les machines magnéto-électriques*, par MM. Jamin et Roger. (*Comptes rendus*, 1er juin 1868.)

2° *Sur la compressibilité des liquides*, par MM. Jamin, Amaury et Descamps. (*Comptes rendus*, 1er juin 1868.)

3° *Sur les lois de l'induction*, par MM. Jamin et Roger. (*Comptes rendus*, 22 juin 1868.)

4° *Sur un thermorhéomètre*, par M. Jamin. (*Comptes rendus*, 6 juillet 1868.)

5° *Sur les lois de l'induction*, par MM. Jamin et Roger. (*Comptes rendus*, 6 juillet 1868.)

6° *Sur le mouvement de rotation de l'eau, par rapport à celui du vase dans lequel elle est contenue*, par M. Champagneur. (*Comptes rendus*, 20 juillet 1868.)

7° *Sur un réfracteur différentiel pour la lumière polarisée*, par M. Jamin. (*Comptes rendus*, 26 octobre 1868.)

8° *Sur l'achromatisme des franges d'interférence*, par M. Jamin. (*Comptes rendus*, 2 novembre 1868.)

9° *Sur la théorie de la scintillation*, par M. Jamin. (*Comptes rendus*, 9 novembre 1868.)

10° *Sur la chaleur dégagée par les courants interrompus*, par MM. Jamin et Roger. (*Comptes rendus*, 1869.)

11° *Deuxième note sur la chaleur dégagée par les courants interrompus*, par MM. Jamin et Roger. (*Comptes rendus*, 3 mai 1869.)

12° *Sur les spectres de l'étincelle électrique dans les mélanges gazeux en équilibre*, par MM. Berthelot et Richard. (*Comptes rendus*, 1869.)

13° *Sur la compressibilité des liquides*, par MM. Amaury et Descamps. (*Comptes rendus*, 20 juin 1869.)

14° *Mesure de la conductibilité électrique des liquides*, par M. Saïd-Effendi. (28 juin 1869.)

15° *Sur les machines magnéto-électriques*, par MM. Jamin et Roger. (*Annales de Chimie et de Physique*, tome XVII, 1869.)

16° *Mémoire sur les lois de l'induction*, par MM. Jamin et Roger. (*Comptes rendus*, 16 août 1869.)

17° *Sur la chaleur spécifique de l'eau*, par MM. Jamin et Amaury. (*Comptes rendus*, 28 mars 1870.)

18° *Sur la chaleur latente de la glace*, par M. Jamin. (*Comptes rendus*, 4 avril 1870.)

19° *Sur la chaleur spécifique des mélanges d'alcool et d'eau*, par MM. Jamin et Amaury. (*Comptes rendus*, 13 juin 1870.)

20° *Sur la mesure du rapport des chaleurs spécifiques des gaz à pression constante et à volume constant*, par MM. Jamin et Richard. (*Comptes rendus*, août 1870.)

21° *Action du magnétisme sur les gaz*, par M. le capitaine de vaisseau Trève. (*Comptes rendus*, 1870.)

22° Plusieurs *mémoires de Physique végétale*, par M. E. Prillieux. (*Comptes rendus*, 1870.)

23° *Études spectroscopiques sur le sang*, thèse pour le doctorat en médecine, par M. le docteur René Benoît; 1870.

24° *Études sur la compressibilité des liquides*, thèse pour le doctorat ès sciences physiques, par M. C. Descamps; 1872.

25° *Études sur l'échauffement des fils de platine dans les gaz*, par M. Richard.

26° *Construction d'une nouvelle machine électrique*, par M. P. Carré.

27° *Construction d'une nouvelle machine magnéto-électrique*, par M. P. Carré.

28° *Études sur la lumière électrique et sur un nouveau régulateur*, par M. P. Carré.

29° *Mesure de la chaleur spécifique du mercure*, par M. Amaury; 1872.

30° *Sur la distribution du magnétisme dans les aimants*, par M. Argyropoulos; 1872.

§ 3.

Le laboratoire de **CHIMIE** du Muséum, dirigé par M. **FRÉMY**, membre de l'Institut et professeur au Muséum, a été ouvert aux élèves le 10 juin 1871, fermé le 15 août et ouvert de nouveau le 1er octobre. Cinquante personnes se sont fait inscrire pour prendre part aux manipulations de chimie; quarante-trois élèves ont été admis aux travaux du laboratoire : sur ces quarante-trois élèves, quinze étaient d'anciens élèves venant compléter leurs études de chimie.

Les travaux du laboratoire ont eu lieu tous les jours de 8 heures du matin à 5 heures du soir.

Les élèves sont classés en trois catégories qui comprennent :

1° Jeunes savants faisant des recherches originales en préparant leur thèse de doctorat ;

2° Élèves s'exerçant à la chimie analytique ;

3° Élèves qui, après avoir suivi un cours de chimie générale, s'exercent aux manipulations en exécutant les préparations classiques de la chimie.

Les élèves faisant partie de la première catégorie sont :

MM.

LAUGIER, préparateur adjoint à l'aide-naturaliste M. Terreil, pour la surveillance des laboratoires. — M. Laugier fait en ce moment un travail sur la séparation du cérium, du lanthane et du dydime, et une étude sur les sels de ces métaux.

PRINVAULT. — Un mémoire présenté à l'Académie des sciences en mars 1872, sur les chlorobromures de phosphore, et un deuxième mémoire présenté à l'Académie dans la séance du 6 mai 1872, sur la basicité des acides borique et phosphorique.

DUMÉRIL. — Recherches sur les sulfosels d'arsenic.

MAUDET. — Recherches sur les fermentations.

GIRAUD, nommé récemment second préparateur du laboratoire d'enseignement. — Étude sur l'iodure d'amidon et recherche des principes contenus dans la mercuriale (travail devant servir de thèse pour le grade de docteur en médecine).

RIVIÈRE. — Recherches sur les principes des arum.

GUÉROUT. — Travail sur les essences de térébenthine et travail sur l'action de l'acide sulfureux sur les sulfures. Cet élève a été nommé, le 15 avril, préparateur de M. Becquerel.

Beaumetz. — Recherches sur les fontes et les aciers.

Landrin. — Recherches sur les principes du ricin, et étude sur les bases et les acides.

Borodoulin. — Recherches sur les différentes matières sucrées.

Les élèves de la seconde catégorie sont au nombre de vingt-cinq :

MM.

Lehec,	Armet de Lille,	Gerenti,
De Boyer,	Poileux,	Etard,
Gastine,	Guénez,	Guignet,
Chauviteau,	Armand Ratte,	Mary,
Lajoux,	Delenin,	Gaucher,
Gouge,	Ogier,	Plicque,
Daru,	Meurgey,	Castem,
Gremet,	Taine,	Fournier.

Les élèves de la troisième catégorie sont :

MM.

Schwartz,	Chasseray,	Mercier,
Gatine,	Chaillou,	Ledoux.
Raulin,	Levy,	

M. Gastine, élève de la deuxième catégorie, vient d'entrer comme préparateur dans le laboratoire de M. Ville.

Ainsi le laboratoire d'enseignement et de recherches du Muséum, qui est déjà fondé depuis huit années, a rendu cette année autant de services à la science que les années précédentes. Il a permis à un certain nombre de jeunes savants d'exécuter des recherches originales, et a fourni trois préparateurs à l'enseignement public.

§ 4.

Le laboratoire de chimie de la Faculté des sciences, où les travaux sont dirigés par M. **SCHUTZENBERGER**, fonctionne simultanément comme laboratoire d'enseignement et comme laboratoire de recherches. Il admet des élèves qui désirent s'initier aux manipulations chimiques, soit en vue de se préparer aux examens de la licence ès sciences physiques, du doctorat en médecine, soit en vue d'une carrière industrielle. Un certain nombre de jeunes savants s'y occupent de recherches originales.

Quarante-trois élèves ont été inscrits dans l'année scolaire 1871-1872 :

MM.

Gély (Daniel), ingénieur civil, ancien élève de l'école centrale. — Perfectionnement dans les études pratiques de chimie.

Doucet (Jules), ingénieur civil, ancien élève de l'école centrale. — Perfectionnement dans les études pratiques de chimie.

Risler (Charles). — Études pratiques de chimie poursuivies en vue d'une carrière industrielle.

Prud'homme, ancien élève de l'école polytechnique. — Recherches originales.

Bernard. — Études pratiques de chimie, en vue d'une carrière industrielle.

Fontaine. — Recherches scientifiques.

Davignon. — Études pratiques de chimie.

Ritter, docteur en médecine et docteur ès sciences, professeur agrégé à la Faculté de médecine de Strasbourg. — Recherches originales.

De Lalande, ingénieur civil des mines, ancien élève de l'École polytechnique. — Recherches originales.

De Ugarte (Samuel) (de Bolivie). — Recherches originales.

Tomasi (de Naples). — Recherches originales.

De Moustier, étudiant en droit, bachelier ès sciences. — Études pratiques de chimie.

Laurence. — Études pratiques de chimie.

Terrats, licencié ès sciences mathématiques. — Études pratiques de chimie.

Langlois. — Études pratiques de chimie.

Rhoné. — Études pratiques de chimie.

Robinet, étudiant en pharmacie. — Recherches originales.

Legoof, maître répétiteur au lycée Descartes. — Préparation à la licence.

Dampein, maître répétiteur au lycée Descartes. — Préparation à la licence.

Louvier, maître répétiteur au collége Rollin. — Préparation à la licence.

Nérot, surveillant général au lycée Descartes. — Préparation à la licence.

Buys, maître répétiteur au lycée Saint-Louis. — Préparation à la licence.

Bidauld, licencié ès sciences mathématiques. — Préparation à la licence.

Schamache (Isaac) (de Bagdad). — Études pratiques de chimie.

De Baumini. — Études pratiques de chimie.

Hoare (de Londres). — Études pratiques de chimie.

M. Gourie de Villemontire. — Préparation à la licence.

Dehaut. — Préparation à la licence.

Bourdet, étudiant en médecine. — Études pratiques de chimie.

Bayon. — Recherches originales.

Avenard, ancien élève de l'École polytechnique. — Préparation à la licence.

Gilberton, interne en pharmacie. — Études pratiques de chimie.

Gay, interne en pharmacie. — Études pratiques de chimie.

Lapoux, interne en pharmacie. — Études pratiques de chimie.

Hamel. — Études pratiques de chimie.

Gundelach (Émile). — Études pratiques de chimie.

Gundelach (Charles). — Études pratiques de chimie.

Herpin, ancien élève de l'école centrale. — Études pratiques de chimie.

Quinquand, interne des hôpitaux. — Recherches de chimie physiologique.

Quesneville, licencié ès sciences physiques et mathématiques. — Études pratiques de chimie.

Muller, docteur en médecine. — Études pratiques de chimie.

Ponomareff (de Russie). — Recherches originales.

Indication des travaux publiés et en voie d'exécution.

1° *Recherches sur une nouvelle classe de composés platiniques*, par MM. Schützenberger et Fontaine.

2° *Recherches sur le phosphore*, par M. Gautier.

3° *Recherches sur l'acide pyruvique*, par M. de Clermont.

4° *Recherches sur l'indigo, nouveau procédé de réduction et d'application*, par MM. Schützenberger et de Lalande.

5° *Recherches sur diverses conditions qui permettent de préparer le chlore*, par MM. de Lalande et Prud'homme.

6° *Recherches sur l'oxyde de chrome*, par M. Prud'homme.

7° *Recherches sur l'action de l'iodure de plomb sur les acétates*, par M. D. Tommasi.

8° *Recherches sur un nouveau composé du chrome*, par M. D. Tommasi.

9° *Recherches sur la quinine*, par MM. Schützenberger et de Ugarte.

10° *Recherches sur les urines des femmes en couche*, par M. Quinquand.

11° *Recherches sur la scille*, par M. Robinet.

12° *Recherches sur l'action de l'acide acétique anhydre sur les composés organiques*, par M. Bayon.

13° *Recherches sur le fer et ses combinaisons*, par M. Ponomareff.

14° *Recherches de chimie physiologique*, par M. Ritter.

§ 5.

Le laboratoire de Chimie de l'École normale supérieure, sous la direction de **M. H. SAINTE-CLAIRE DEVILLE**, membre de l'Institut, professeur à la Faculté des sciences, compte parmi les savants qui y ont été admis :

MM.

P. Hautefeuille, docteur ès sciences et en médecine, sous-directeur;

Debray, examinateur d'entrée à l'école polytechnique;

Troost, professeur suppléant à la Sorbonne;

Gernez, professeur au lycée Descartes;

Mascart, professeur suppléant au Collége de France;

Isambert, professeur à la Faculté des sciences de Poitiers;

Ditte, agrégé préparateur à l'École normale;

Lamy, professeur à l'école centrale;

Martin, docteur ès sciences;

Clermont, licencié ès sciences, pharmacien de 1re classe;

Joly, agrégé des sciences physiques en 1871, attaché au laboratoire de recherches;

Desnoyers, tué au fort d'Issy.

Les travaux en cours d'exécution en avril 1872 sont très-nombreux; les principaux sont les suivants :

M. H. Sainte-Claire Deville, *Décomposition de l'eau par le fer.*

MM. H. Sainte-Claire Deville et Gernez, *Influence de la pression sur la température des flammes.*

MM. H. Sainte-Claire Deville et Ditte, *Sur les procédés calorimétriques à employer en chimie.*

M. Debray, *Étude sur la séparation des métaux du platine; Étude du pourpre de Cassius.*

MM. Troost et Hautefeuille, *Préparation des éthers du silicium et des acides amidés du silicium; Dissolution des gaz dans les métaux fondus; Étude sur le chlorure de bore et le chlorure de carbone.*

M. Ditte; *Étude sur le cérium; Combinaison des acides sélénieux et tellureux avec les hydracides, et dissociation de ces composés.*

M. Gernez, *Applications diverses des raies d'absorption aux phénomènes chimiques.*

M. Mascart, *Recherches sur les modifications qu'éprouve la lumière par suite du mouvement de la source lumineuse et du mouvement de l'observateur.*

M. Lamy, *Préparation industrielle du chlore; Étude des pyromètres fondés sur la dissociation.*

M. Joly, *Étude sur le niobium.*

M. Clermont, *Étude sur le chloral et l'acide trichloracétique.*

M. Hautefeuille, *Étude chimique et cristallographique sur les chlorovanadates, apatites et wagnérites; Étude sur la décomposition de l'eau, de l'acide chlorhydrique et de l'acide carbonique.*

M. Martin, Travaux photographiques.

Liste des mémoires publiés dans les *Comptes rendus de l'Académie des sciences* par les savants admis à travailler au laboratoire de recherches de l'École pratique des Hautes Études[1].

Mémoires de M. H. Sainte-Claire Deville : 1868.—*Observations sur les derniers travaux de L. Foucault : sur le sidérostat de M. Foucault; — Mémoire sur les propriétés physiques et le pouvoir calorifique des pétroles et huiles minérales ; — Observations sur le calorimètre à combustions vives ; — De la température des flammes et de ses relations avec la pression.*

1869. — Trois mémoires sur les pétroles ; — *De l'emploi industriel des huiles minérales pour le chauffage des machines, et en particulier des machines locomotives* (en commun avec M. Dieudonné).

1870. — *Sur l'analyse et les applications de la gaize* (en commun avec M. Desnoyers) ; — *Indication de quelques expériences, en cours d'exécution, sur la décomposition de la vapeur d'eau par le fer; — Action de l'eau sur le fer et de l'hydrogène sur l'oxyde de fer.*

1871. — *Sur le pouvoir calorifique de quelques pétroles de l'empire russe.*

1872. — *Sur la mesure des températures très-élevées et sur la température du soleil.*

MM. H. Sainte-Claire Deville et Troost : 1868. — *Expériences sur la perméabilité de la fonte par les gaz de la combustion.*

MM. H. Sainte-Claire Deville et Hautefeuille : 1869. — *Mesure des propriétés explosives du chlorure d'azote.*

M. Debray : 1868.—*Recherches sur la dissociation ; — Recherches sur les combinaisons de l'acide molybdique et de l'acide phos-*

1. Pour les travaux exécutés sous la direction de M. Deville, avant la création de l'École des Hautes Études, voir le *Bulletin administratif du ministère de l'instruction publique*, tome X, année 1868, 2e semestre.

phorique; — Sur l'équivalent du molybdène; — Sur la densité de vapeur du calomel.

1869. — *Note sur la décomposition des sels de sesquioxyde de fer; — Note sur le chlorure d'or.*

1870. — *Note sur l'essai d'argent contenant du mercure; — Note sur la solubilité du chlorure, de l'iodure et du bromure d'argent dans les sels de mercure.*

MM. Troost et Hautefeuille : 1868. — *Sur la production du paracyanogène et sa transformation en cyanogène; — Loi de la transformation du paracyanogène en cyanogène; — Sur quelques propriétés de l'acide cyanique; — Loi de la transformation de l'acide cyanique en ses isomères et de la transformation inverse.*

1869. — *Sur la chaleur de transformation de quelques isomères; — Sur la chaleur de combustion de l'acide cyanique et de ses isomères.*

1870. — *Sur la chaleur de combinaison du bore avec le chlore et avec l'oxygène; — Chaleur de combinaison du silicium avec le chlore et avec l'oxygène.*

1871. — *Sur la volatilisation apparente du silicium; — Sur les spectres du carbone, du bore, du silicium, du titane et du zirconium; — Note sur les phénomènes calorifiques qui accompagnent la transformation de l'acide hypoazotique en acide azotique, et de l'introduction de ces deux corps dans les composés organiques; — Sur les sous-chlorures et les oxychlorures de silicium.*

1872. — *Action de la chaleur sur les oxychlorures de silicium.*

M. Hautefeuille : 1869. — *Chaleur de combinaison des acides sulfhydrique et sélenhydrique.*

M. Lamy : 1868. — *Études chimiques sur les sels de thallium.*

1869. — *Note sur un nouveau pyromètre.*

M. Isambert : 1868. — *Recherches sur la dissociation de certains chlorures ammoniacaux.*

M. Gernez : 1868. — *Sur la cristallisation des substances hémiédriques.*

1872. — *Sur les raies d'absorption produites dans le spectre par les dissolutions des acides hypoazotique et chloreux; — Sur les spectres d'absorption des vapeurs de soufre, d'acide sélénieux et d'acide hypochloreux; — Spectres d'absorption du chlore et du chlorure d'iode.*

M. A. Clermont : 1871. — *Sur un mode de préparation de l'acide trichloracétique; — Sur quelques trichloracétates métalliques.*

M. Ditte : 1870. — *Recherches sur l'acide iodique et ses principaux composés; — Recherches thermiques sur l'iode et l'acide iodique.*

1871. — *Sur les spectres du soufre, du sélénium et du tellure; — Sur la préparation et les propriétés d'un sulfure de sélénium; — Sur les spectres des corps appartenant aux familles de l'azote et du chlore; — De l'influence qu'exerce la calcination de quelques oxydes métalliques sur la chaleur dégagée pendant leur combinaison; — De l'influence qu'exerce la cristallisation de l'oxyde de cadmium sur la chaleur dégagée pendant sa combinaison; — Chaleur de combustion du magnésium, de l'indium, du cadmium et du zinc; — Dissociation de l'acide sélenhydrique.*

§ 6.

Le laboratoire de recherches de **CHIMIE ORGANIQUE**, au Collége de France, est dirigé par **M. BERTHELOT**, professeur.

La liste des élèves qui ont travaillé dans ce laboratoire, avec l'indication de leurs principaux travaux et publications (1868-1872), donne comme résultat :

I. Élèves nationaux (quinze), MM.

Jungfleisch, docteur ès sciences, professeur agrégé à l'école de pharmacie ;
Bourgoin, *id.;*
L. de Saint-Martin, licencié ès sciences, docteur en médecine ;
G. Bouchardat, *id.;*
A. de Fleurieu, licencié ès sciences ;
Richard, ancien élève de l'École normale ;
Barré, bachelier ès sciences ;
Barbier, bachelier ès sciences ;
Prunier, pharmacien en chef des hôpitaux de Paris ;
Rabourdin, interne en pharmacie ;
Féray, *id.*;
Naudin ;
Michaud, ancien élève de l'école centrale ;
Volgean, *id.;*
Mouillefert, élève d'une école agricole ;

II. Élèves étrangers (quatre), MM.

Louguinine, officier d'artillerie, Russe ;
Timiriaseff, Russe, docteur en philosophie ;
Corfield, professeur d'hygiène à Londres ;
Ed. Schaer, Suisse.

Toutes les personnes ci-dessus se sont livrées à des recherches originales, et plusieurs ont publié des mémoires importants. Tels sont, entre autres :

1° Les recherches de M. Jungfleisch *sur la benzine, l'aniline, les substitutions, etc.*, imprimées dans les *Annales de Chimie*, et qui ont fait l'objet d'une thèse remarquable soutenue devant la Faculté des sciences.

2° Les expériences de M. Bourgoin *sur l'électrolyse des acides organiques et minéraux*, thèse de docteur ès sciences.—MM. Jungfleisch et Bourgoin ont été nommés, au concours, professeurs agrégés à l'école supérieure de pharmacie (1870).

3° Les travaux de M. Bouchardat *sur la dulcite et les alcools*, travaux qui vont être réunis par l'auteur dans une thèse sur le point d'être présentée à la Faculté des sciences (1872).

4° Les expériences de M. L. de Saint-Martin (thèse pour le doctorat en médecine) (1870), relatives à l'*état des sels dans les dissolutions*.

5° Les recherches de *thermochimie* de M. Louguinine, qui ont été déjà l'objet de plusieurs publications, et dont l'exécution se poursuit.

6° Les expériences de M. A. de Fleurieu *sur l'étude des vins*.

7° Un mémoire de M. Richard *relatif à l'analyse spectrale des gaz composés*. (*Comptes rendus*, 1870.)

8° Un mémoire de M. Barbier *sur le cymol*. (*Comptes rendus*, 1872.)

9° Un mémoire de M. Barré *sur les acides formés dans la distillation du bois* (1870), etc., etc.

Plusieurs autres personnes, françaises ou étrangères, sont venues à diverses reprises exécuter des recherches scientifiques dans le laboratoire, mais sans y faire de séjour prolongé.

M. Berthelot y a fait de nombreuses expériences *sur la formation et les métamorphoses des carbures d'hydrogène, sur la mécanique moléculaire et sur la thermochimie*, lesquelles ont fait l'objet d'une trentaine de Mémoires publiés depuis 1868 ; l'exécution de ces expériences eût été entravée ou même rendue impossible sans les ressources mises à sa disposition par l'École des Hautes Études. A l'aide de ces ressources, il a pu constituer un laboratoire spécialement organisé pour les travaux de Physico-Chimie et que les étrangers viennent chaque jour visiter.

§ 7.

Le laboratoire de chimie de l'école de médecine, récemment attaché à l'École pratique des Hautes Études, est placé sous la direction de M. **WURTZ**, membre de l'Institut et doyen de la Faculté de médecine.

Le dernier rapport adressé par M. Wurtz sur le laboratoire qu'il dirige depuis dix-neuf ans à la Faculté de médecine, remonte à l'année 1868. Les graves événements qui sont survenus depuis deux ans l'ont détourné du soin de ce compte rendu annuel. Aujourd'hui il présente le tableau des travaux qui sont sortis de ce laboratoire pendant les trois dernières années. Si l'activité scientifique s'y est ralentie pendant le premier siége, elle n'a jamais été interrompue complétement. Les élèves et le maître ont employé les loisirs forcés que leur faisait cette situation pénible pour étudier certaines questions relatives à l'alimentation publique ou à la défense et qui présentaient alors un intérêt saisissant.

Dans son rapport, M. Wurtz commence par l'énumération succincte des travaux originaux qui ont été publiés durant cette période de trois ans, et la fait suivre d'une appréciation sommaire des résultats obtenus; il termine par quelques observations sur le caractère général des travaux qui sont sortis du laboratoire de recherches de la Faculté de médecine depuis sa fondation, en 1853.

Année 1869. — Wurtz, *Sur l'hydrure de palladium* (*Comptes rendus*, 1869, t. III).
— *Synthèse d'un nouveau butylène, l'éthyle-vinyle* (*ibid.*, p. 841).
— *Synthèse d'acides aromatiques* (*ibid.*, p. 1298).
— *Recherches sur les bases oxygénées, sur un homologue et sur un isomère de la choline* (*ibid.*, p. 1434).
— *Action du glycol chlorhydrique sur la toluidine* (*ibid.*, p. 1504).

Grimaux et Ruotte, *Sur l'essence de sassafras* (*ibid.*, p. 928).

Henninger et Tollens, *Préparation nouvelle de l'alcool allylique* (*ibid.*, p. 266).

Salet, *Recherche du soufre par le spectroscope* (*ibid.*, p. 404).

Silva, *Sur le butyrate et le valériate d'isopropyle* (*ibid.*, p. 1476).

Tollens, *Sur le bromure d'allyle et l'essence de moutarde* (*ibid.*, p. 268).

Eghis, *Synthèse de l'acide naphtaline-carboxylique* (*ibid.*, t. II, p. 360).

Caventou et Willm, *Action du permanganate de potasse sur la cinchonine* (*ibid.*, p. 234).

G. Bouchardat, *Synthèse de la guanidine* (*ibid.*, p. 961).

Silva, *Sur le succinate, le benzoate, l'azotite et l'azotate d'isopropyle* (*ibid.*, p. 416).

— *Sur la propylamine et l'isopropylamine* (*ibid.*, p. 473).

— *Sur le phénate d'isopropyle* (*Bull. de la Soc. chimique*, 1869, p. 27).

G. Vogt, *Synthèse des acides crésolique et salicilique* (*ibid.* (2), p. 221).

Année 1870. — Wurtz, *Synthèse d'acides aromatiques* (*C. r.*, 1870, (1), p. 350).

— *Sur le crésol solide* (*ibid.*, p. 1053).

Grimaux, *Sur un glycol aromatique* (p. 1363).

Henninger et Darmstœdter, *Sur une nouvelle base phosphorée* (p. 404).

Salet, *Sur la flamme de l'hydrogène* (2) (p. 182).

Grimaux, *Sur la salicylonitrile* (1) (p. 25).

G. Vogt et Henninger, *Synthèse de l'orcine* (1) (p. 196).

Ch. Girard, Millot et G. Vogt, *Sur la nitroglycérine et les diverses dynamites* (*ibid.*, 1870 (2), p. 688).

Année 1871. — 1er semestre. — A. Wurtz et E. Willm, *Note sur l'huile de colza* (*C. r.*, t. LXXII, p. 957).

2e semestre. — A. Le Bel, *Sur les pétroles du Bas-Rhin* (*C. r.*, t. LXXIII, p. 499).

A. Wurtz, *Action du chlore sur l'aldéhyde* (*ibid.*, p. 528).

G. Salet, *Sur les spectres du soufre* (*ibid.*, p. 559).

Ch. Girard et G. Vogt, *Formation des monamines secondaires par l'action des bases de la formule* $C^nH^{2n-7}H^2Az$ *sur le chlorhydrate de naphtylamine* (*ibid.*, p. 627).

G. Salet, *Sur les spectres du sélénium et du tellure* (*ibid.*, p. 742).

— *Sur les spectres de l'étain et de ses composés* (p. 862).

— *Sur le spectre du phosphore et des composés du silicium* (*ibid.*, p. 1056).

Grimaux, *Sur les dérivés du chlorure de tollylène* (p. 1383).

G. Daremberg et Peter, *Excrétions supplémentaires de l'urine* (*Société de Biologie*, décembre 1871).

En ce qui concerne ses propres travaux, M. Wurtz fait remarquer qu'ils sont en général le développement de ses recherches antérieures. Ainsi la note sur la synthèse d'un nouveau butylène se rattache à la découverte d'un procédé général de synthèse des carbures d'hydrogène, et qui consiste à traiter des carbures bromés ou iodés par le zinc-éthyle. Le travail sur la synthèse d'acides aromatiques se rattache à un ensemble de recherches dont la première partie vient d'être publiée *in extenso* dans les *Annales de chimie et de physique*. Le procédé de synthèse dont il s'agit consiste à traiter par le sodium un mélange de carbures hydrogénés, chlorés ou bromés avec l'éther chloroxycarbonique, autrefois découvert par M. Dumas. Ce procédé a été appliqué par un de ses élèves, M. Eghis, à la transformation de la naphtaline en un acide aromatique. — La note sur le crésol est la suite de recherches entreprises sur la transformation des carbures d'hydrogène aromatiques en phénols. On sait que le goudron de houille renferme une foule de carbures d'hydrogène, dont la benzine est le plus abondant, et qui sont devenus l'objet des applications les plus importantes ; mais ce produit déplaisant, qui était autrefois un embarras et qui est aujourd'hui une richesse, renferme aussi un corps neutre de nature alcoolique, le phénol, qui est un puissant désinfectant, et dont l'industrie des matières colorantes tire parti de diverses manières. Or M. Wurtz a indiqué, avec MM. Dusart et Kekulé, un procédé propre à transformer la benzine en phénol et à convertir en phénols les autres carbures aromatiques qu'on peut extraire du goudron de houille. Ce procédé consiste à traiter les carbures d'hydrogène par l'acide sulfurique et à décomposer par un alcali les acides complexes ainsi formés. A son aide, il a réussi plus tard à convertir le toluène en crésol, ainsi nommé parce qu'il fait partie de la créosote, et le xylène en xylénol. Il n'est pas inutile de faire remarquer que ce procédé est déjà entré dans le domaine de l'industrie, et que l'on prépare aujourd'hui, à son aide et sur une grande échelle, le naphtol ou phénol correspondant à la naphtaline. Il est appliqué aussi à la préparation artificielle de l'alizarine, matière colorante de la garance. Une autre matière colorante très-usitée, l'orseille, dérive d'un principe cristallisable, l'orcine, étudié autrefois par Robiquet et par M. Dumas. Ce corps se rattache au toluène et au crésol, qui viennent d'être mentionnés. Le crésol est du toluène plus de l'oxygène, l'orcine est du crésol plus de l'oxygène : le crésol est un phénol, l'orcine est un diphénol. Par une modification heureuse du procédé de transformation des carbures d'hydrogène en phénol, MM. Vogt et Henninger sont parvenus à transformer du premier coup le toluène en orcine, en introduisant du chlore dans ce carbure d'hydrogène et en traitant par l'acide sulfurique le toluène chloré ainsi obtenu. Ils fondent ensuite le composé avec de la potasse. Ici les procédés de synthèse dont la science dispose aujourd'hui ont été appliqués à la reproduction artificielle d'une substance intéressante connue depuis longtemps, et que l'on avait tirée jusqu'à présent du règne végétal.

Les corps analogues à ceux que l'on vient de mentionner, et que l'on nomme corps aromatiques, sont très-dignes de fixer l'attention par leur stabilité, par la variété de leurs réactions, par la netteté de leurs propriétés physiques. Ils ont été, dans ces dernières années, l'objet d'un très-grand nombre de travaux. M. Grimaux a eu le mérite de constater l'existence d'une nouvelle classe de combinaisons aromatiques : il a préparé le premier glycol aromatique.

Le corps qu'il a obtenu est un dérivé du xylène, carbure d'hydrogène que l'on retire du goudron de houille. Comme l'orcine, il renferme deux atomes d'oxygène; mais il diffère par sa constitution et par ses propriétés des diphénols, dont l'orcine est un représentant, pour se rapprocher de cette classe de combinaisons qui ont été étudiées, dans une autre série de corps, sous le nom d'alcools diatomiques ou de glycols. Il y avait là une distinction à faire, une nuance à saisir : elle est pleine d'intérêt, et n'a pas échappé à la sagacité de M. Grimaux.

Parmi les travaux qui ont pour objet les corps aromatiques, nous citerons encore une note de M. Vogt, relative à la synthèse de deux acides voisins l'un de l'autre, l'acide crésotique et l'acide salicilique; ce dernier avait été préparé autrefois avec la salicine de l'écorce du saule; on l'avait aussi obtenu avec l'essence de reine des prés ou l'essence de gaultheria. Enfin nous mentionnerons un travail de MM. Ch. Girard et G. Vogt, relatif à une transformation intéressante qu'éprouve le chlorhydrate de naphtylamine, sel qui a pour base un alcool dérivé de la naphtaline, lorsqu'on le chauffe avec l'aniline ou les bases analogues.

MM. Henninger et Tollens ont publié des recherches intéressantes sur un alcool particulier, auquel se rattachent deux corps bien connus, l'essence d'ail et l'essence de moutarde. On le nomme alcool allylique, et on l'obtient avec la glycérine, ce produit constant de la saponification de tous les corps gras. Mais le procédé usité jusqu'ici pour sa préparation était long, compliqué, dispendieux. MM. Henninger et Tollens l'ont remplacé par une méthode simple et élégante qui rendra de grands services à tous ceux qui veulent s'occuper de ce sujet. L'industrie pourra l'appliquer sans doute à la préparation économique de l'essence de moutarde.

On ne peut laisser sans mention spéciale une note sur la synthèse de la guanidine, alcaloïde intéressant dérivant de la guanine, que l'on extrait du guano. M. G. Bouchardat l'a signalée parmi les produits de la réaction de l'ammoniaque sur le gaz phosgène ou chloroxycarbonique.

La cinchonine, alcaloïde naturel que l'on retire, avec la quinine, des écorces de quinquina, a été l'objet de recherches fort intéressantes de MM. Willm et E. Caventou. En traitant la cinchonine par l'amalgame de sodium en présence de l'eau, procédé que les chimistes emploient aujourd'hui couramment pour fixer de l'hydrogène sur les composés organiques, MM. Willm et Caventou ont obtenu, entre autres produits, un alcaloïde nouveau qu'ils ont désigné sous le nom d'hydrocinchonine.

M. Achille Le Bel a étudié avec beaucoup de patience et de sagacité les carbures d'hydrogène qui existent dans le pétrole de l'ancien département du Bas-Rhin. M. Silva a préparé et décrit avec le plus grand soin divers éthers dérivés de l'alcool isopropylique.

M. G. Salet s'est appliqué à des recherches d'un autre ordre. Entraîné par goût ou plutôt par la tendance d'un esprit ingénieux et exact vers les sujets délicats qui touchent à la fois à la chimie et à la physique, il s'est voué depuis plusieurs années à des études spectroscopiques. On peut produire des spectres par des sources lumineuses de diverse nature, savoir, des corps solides portés à l'incandescence, des flammes tenant en suspension des gaz ou des vapeurs, des décharges électriques éclatant au milieu d'atmosphères plus ou moins raréfiées. D'autres fois on décompose par un prisme un faisceau de lumière qu'on dirige préalablement à travers un milieu coloré. Les spectres obtenus dans ces diverses conditions présentent des caractères particuliers. M. Salet a principalement étudié ceux que produit la flamme de l'hydrogène chargée de diverses vapeurs.

Lorsqu'on dirige le dard du chalumeau à hydrogène sur un objet froid, on voit souvent la flamme se colorer en bleu à l'endroit où elle touche l'objet. M. Salet a prouvé que cette coloration est due à la présence d'un composé sulfuré : la flamme bleue donne le spectre de ce corps simple. Mais d'où vient-il? D'une trace de sulfate de soude ou d'un autre composé sulfuré répandu partout et qui est réduit par l'hydrogène.

Une flamme écrasée par un corps solide change d'aspect; à l'endroit où elle touche un corps froid, elle se refroidit elle-même, et il arrive que des flammes chargées de certaines vapeurs prennent, comme dans le cas précédent, des colorations particulières du côté de la surface refroidie. M. Salet a imaginé une disposition fort ingénieuse pour refroidir ainsi les flammes et pour en étudier les spectres dans ces nouvelles conditions. Il a même étudié le spectre d'une flamme tout à fait froide, si on peut appeler une flamme la lueur produite par l'oxydation lente de la vapeur de phosphore.

Une autre disposition ingénieuse que l'on doit à M. Salet consiste à faire éclater la décharge lumineuse dans des tubes à atmosphère raréfiée, non pas entre deux électrodes en platine, mais en quelque sorte par influence au travers de l'épaisseur du tube de verre recouvert à chaque extrémité d'une gaîne métallique. On évite ainsi certaines erreurs qui avaient embarrassé les physiciens.

« En résumé, écrit M. Wurtz, les trente-six notes ou mémoires énumérés plus haut portent à plus de deux cent cinquante le nombre des publications qui émanent du laboratoire des recherches de la Faculté de médecine depuis l'époque de sa fondation, en 1853. Parmi les auteurs de tous ces travaux, quelques-uns sont devenus des maîtres à leur tour et occupent des chaires en France ou à l'étranger : M. Friedel à l'École normale supérieure, M. Reboul à Besançon, MM. Beilstein et Boutlerow à Saint-Pétersbourg, M. Lieben à Prague, M. Foster à Londres, M. Maxwell Simpson à Dublin, M. Crafts à Boston, M. Luna à Madrid, M. Lourenzo à Lisbonne, M. Oppenheim à Berlin, M. Ladenburg à Heidelberg, ces deux derniers comme *Privat-Docent*. Dans leur ensemble, les travaux que ces chimistes ont entrepris dans mon laboratoire offrent, ainsi que les miens, auxquels ils se sont souvent rattachés, un caractère commun : ils sont conçus dans les idées nouvelles et, il est permis de le dire, ils ont contribué à ce puissant mouvement qui a transformé la chimie depuis bientôt quarante ans et qui a été inauguré en France, à partir de 1834, par les Dumas, les Laurent, les Gerhardt. »

§ 8.

Le nombre des élèves admis pendant l'année 1871-1872 à travailler au laboratoire de chimie du Collége de France, sous la direction de M. **BALARD**, membre de l'Institut et professeur au Collége de France, a été de douze.

Ce sont MM.

Dreyfus, licencié ès sciences mathématiques, aspirant à la licence ès sciences physiques;
Bainier, élève en pharmacie;
Perkowski, élève de l'université de Varsovie;
Motte, aspirant à la licence ès sciences physiques;

Barré, licencié ès sciences mathématiques et ès sciences physiques;
Schamash, professeur à Jaffa (Syrie);
Jablonski, licencié ès sciences mathématiques;
Muller, préparateur à l'école Turgot;
Petit, bachelier ès sciences;
Moullade, pharmacien militaire à l'hôpital de Vincennes;
De Montgolfier, licencié ès sciences physiques;
Perron, ingénieur civil sortant de l'École des arts et manufactures.

Les travaux en voie d'exécution sont :

M. Moullade, *Recherches sur le cumène ;*

M. de Montgolfier, *Recherches optiques sur la série camphorique.*

Les publications faites sont :

M. Riban, chef des travaux chimiques : 1° *Sur un nouveau carbure d'hydrogène polymère de l'essence de térébenthine, le tétratérébène* (*Bulletin de la Société chimique*, t. XVI); 2° *Sur l'isomérie des carbures térébiques* (*Comptes rendus de l'Académie des sciences*, t. LXXIV).

Grâce aux allocations faites sur les fonds des Hautes Études, le matériel du laboratoire a été considérablement augmenté. Il s'est enrichi d'un certain nombre d'appareils de précision, notamment du thermo-calorimètre, du dilatomètre de Regnault, d'appareils pour déterminer les indices de réfraction, analyser les gaz, etc. Ces acquisitions nouvelles ont déjà porté leurs fruits, en permettant à M. Riban d'aborder la question des isoméries à un point de vue tout à fait nouveau.

§ 9.

Le laboratoire de **CHIMIE PHYSIOLOGIQUE**, dirigé par M. **PASTEUR**, membre de l'Institut, professeur à la Faculté des sciences, est établi à l'École normale supérieure. Son installation est nouvelle.

M. Pasteur et MM. Raulin, Gayon, Maillot, y continuent les travaux commencés depuis longtemps par M. Pasteur sur les questions relatives aux fermentations, à la génération et au rôle des êtres microscopiques, et à diverses applications industrielles qui en dépendent, concernant les maladies des vins, la fabrication du vinaigre, les maladies du ver à soie. La fabrication de la bière y est, en ce moment, l'objet d'une étude approfondie.

Ce laboratoire a la bonne fortune d'avoir attiré notre grand chimiste, **M. Dumas**, qui depuis quelques mois y poursuit des recherches nouvelles sur divers points de chimie physiologique d'un grand intérêt.

§ 10.

Les études pratiques de **MINÉRALOGIE** ont lieu à la Sorbonne, dans le cabinet du professeur, sous la direction de **M. DELAFOSSE**, membre de l'Institut, professeur à la Faculté des sciences. La petitesse du local ne permet pas d'admettre aux exercices plus de douze à quatorze élèves à la fois; et comme le nombre de ceux qui se font inscrire pour y assister est à peu près deux fois plus considérable, on les partage en deux séries, l'une pour le premier semestre et l'autre pour le second.

Les conférences et les manipulations se font sous la surveillance d'un répétiteur, **M. Jannettaz**, aide-naturaliste au Muséum.

Les élèves apprennent à mesurer les angles des cristaux, à déterminer le système cristallin des espèces principales et leurs propriétés optiques; à observer le phénomène des anneaux colorés que produit la lumière polarisée dans les cristaux à un ou à deux axes, et dans ces derniers à mesurer l'angle des deux axes; ils font de nombreux essais chimiques à l'aide du chalumeau, et une étude pratique des caractères extérieurs (couleur, éclat, facies, etc.), afin de pouvoir reconnaître par l'observation les espèces qu'il importe le plus de connaître, parmi celles qu'on emploie dans les arts et dans l'industrie.

Les élèves qui recherchent ces conférences sont : les candidats inscrits pour la licence physique, les surveillants et maîtres répétiteurs des lycées et colléges de Paris, et les jeunes ecclésiastiques de l'École des Carmes.

Avant les derniers événements politiques, les manipulations de minéralogie ont eu lieu régulièrement pendant les deux semestres des années scolaires 1868-69 et 1869-70 (une séance par semaine, treize ou quatorze séances en tout par semestre).

Interrompues pendant le premier semestre de 1870-71, elles ont repris dans le second semestre.

Voici le tableau des élèves qui ont travaillé au laboratoire dans les deux derniers semestres.

Deuxième semestre de 1871 : MM.

Asselin, licencié ès sciences mathématiques, surveillant général au lycée Saint-Louis;

Lecarme, professeur au collége Chaptal;

Léon Prévost, bachelier ès sciences, professeur libre;

L. Demartre, licencié ès sciences mathématiques;

Édouard Vignes, licencié ès sciences naturelles;

Barré;

Blot;

Sudre;

Henri Rousseau;

Bougarel;

Prunier.

Premier semestre de 1871-72 : MM.

Legoff, licencié ès sciences mathématiques, maître répétiteur au lycée Descartes;

Auguste-Henri Gonge;

Gremet, ancien élève de l'école d'agronomie;

H. de Boyer, bachelier ès lettres et ès sciences;

Edgar Depasse, *id.;*

Avenard, ancien élève de l'École polytechnique, ancien officier d'artillerie, licencié ès sciences mathématiques;

H. Buys, maître répétiteur au lycée Saint-Louis.

J. B. Bidault, licencié ès sciences mathématiques;

Jablonski, *id.;*

Terrat, licencié ès sciences mathématiques, professeur en congé du collége d'Arras;

Patrouillard, pharmacien en chef de l'hôpital Saint-Antoine, préparateur des cours de pharmacie à l'école supérieure.

§ 11.

Le laboratoire de recherches **CHIMIQUES ET AGRONOMIQUES** de Caen, sous la direction de M. **ISIDORE PIERRE**, doyen de la Faculté des sciences, complète en ce moment son installation, grâce au concours de la municipalité.

Précédemment six élèves ont pu se livrer fructueusement aux travaux pratiques, pour la licence d'abord et en vue de l'enseignement :

MM.

Leprince,

Bulot (aîné),

Bulot (jeune),

Lefèvre,

L'abbé Leboucher,

L'abbé Nochelet.

Deux autres, MM. Puchot et Tranchant, préparateurs à la Faculté, l'un pour la physique et le second pour la zoologie, s'occupent de travaux de recherches.

M. Puchot, depuis longtemps pourvu des deux licences ès sciences physiques et ès sciences mathématiques, consacre aux travaux du laboratoire tout le temps qui n'est pas rigoureusement consacré à son service de préparateur de physique.

Il a déjà fait un intéressant travail *sur certains cas particuliers du pouvoir des pointes et sur leur application à la théorie des paratonnerres.*

Ce travail est imprimé dans les *Annales de chimie et de physique.*

Il s'occupe d'une thèse de chimie *sur de nouveaux dérivés des alcools propylique et butylique.*

MM. Isidore Pierre et Puchot ont publié ensemble, par collaboration commune :

1° Des recherches *sur les produits alcooliques de fermentation et sur un certain nombre de leurs dérivés éthérés ;*

2° Des recherches *sur les produits de l'oxydation artificielle de ces mêmes alcools ;*

3° Des recherches *sur l'hydratation de l'alcool propylique ;*

Tous les produits de ces recherches ont été préparés sur une échelle considérable.

4° Des recherches *sur l'ébullition de divers groupes de liquides non miscibles entre eux.*

L'ensemble de ces recherches a eu pour effet immédiat d'améliorer, industriellement, les produits ordinaires de la fermentation.

5° Des recherches *sur les acides propyonique, butyrique et valérianique* sont en cours d'exécution.

Maintenant que l'organisation est plus complète, on pourra admettre un plus grand nombre de travailleurs, et déjà plusieurs places sont demandées pour la rentrée prochaine par des jeunes gens qui veulent se livrer à des recherches ayant trait à l'agronomie.

§ 12.

La ville de Marseille n'a rien négligé pour installer les laboratoires d'enseignement et de recherches placés sous la direction de M. **FAVRE**, doyen de la Faculté des sciences. Ils pourront recevoir vingt-cinq élèves au moins, aussitôt que M. Favre aura obtenu le concours de l'auxiliaire qu'il réclame ; de nombreuses demandes d'admission ont été faites.

Pour le moment, trois élèves, MM. Lieutier, Vaillant et Roche, travaillent dans le laboratoire de chimie de la Faculté destiné à la préparation du cours.

Comme pour les sciences naturelles, d'autres laboratoires sont en voie d'organisation dans diverses Facultés pour les sciences physiques. Nul doute que l'année prochaine nous n'ayons à constater les utiles résultats obtenus par ces nouveaux centres d'études.

SECTION DES SCIENCES MATHÉMATIQUES.

§ 1.

Première Division.

Directeur d'études : M. **HERMITE**, membre de l'Institut, professeur à l'École polytechnique et à la Faculté des sciences. Répétiteur : M. **Maillard**, agrégé, docteur ès sciences.

Élèves : MM.

Cayla,	Guilbert.	Henry,
Cyrillon,	Lamare,	Isworan,
Dietsch,	Lévêque,	Cantacuzène.

Ces élèves, dont plusieurs sont maîtres répétiteurs dans les lycées de Paris, se préparent à l'examen de licence. Ils ont suivi les leçons professées cette année à la Faculté par M. Hermite sur la première partie du cours de calcul différentiel et de calcul intégral.

Les conférences ont lieu deux fois par semaine et durent une heure et demie. Les élèves y sont interrogés et, en outre, exercés à traiter au tableau ou par écrit des questions d'analyse du genre de celles qui entrent dans le programme de licence.

En 1869-70 et en 1870-71 les conférences de M. Maillard ont eu pour objet la mécanique rationnelle. Parmi les élèves qui suivaient ses conférences en même temps que celles de M. Tisserand, un certain nombre, ayant été admis à la licence, ont pu passer dans une autre section, et ainsi, après avoir acquis les connaissances mathématiques indispensables, aborder l'étude des sciences physiques.

§ 2.

Deuxième Division.

Directeurs d'études : MM. **SERRET**, membre de l'Institut, professeur au Collége de France et à la Faculté des sciences, et **BOUQUET**, maître de conférences à l'École normale supérieure, professeur suppléant à la Faculté des sciences. Répétiteur : M. **Tisserand**, docteur ès sciences, agrégé, astronome adjoint à l'Observatoire national.

Dans le premier semestre de l'année 1871-72, M. Tisserand a répété à ses élèves le cours de calcul intégral professé par M. Serret; il s'est proposé toujours de reprendre les parties les plus délicates du cours et de préparer par de nombreux exercices les élèves aux examens de la licence mathématique. Les conférences ont été suivies régulièrement par

MM.

Cantacuzène,	Lévêque,	Chelles.
Isworan,	Guilbert,	
Cayla,	Henry,	

Dans le second semestre, les conférences se rapportent à la seconde partie du cours de mécanique rationnelle, professé par M. Bouquet; elles sont consacrées presque exclusivement aux exercices de mécanique, exercices que les élèves, livrés à eux-mêmes, traitent difficilement. Les auditeurs sont les mêmes que dans le premier semestre; toutefois, un ancien élève de l'École polytechnique, M. Pichenot, déjà pourvu des diplômes de licencié ès sciences mathématiques et ès sciences physiques, a jugé les conférences utiles pour se préparer à l'agrégation, et les suit avec zèle. Dans le second semestre de l'année 1869-70, elles furent suivies régulièrement par douze élèves, dont six obtinrent à la fin de l'année le diplôme de licence.

§ 3.

Outre ces conférences, la commission des Hautes Études (section des sciences mathématiques) a fondé, sous la direction de son président, M. **CHASLES**, membre de l'Institut et professeur à la Faculté des sciences, le *Bulletin des sciences mathématiques et astronomiques*. Il a pour but de remplacer l'ancien *Bulletin de Férussac*, qui avait rendu de très-utiles services et était regretté de tous les savants. Cette publication a commencé à paraître en mars 1870 : interrompue pendant les deux siéges, elle est actuellement au courant. Elle rend des services réels qui commencent à être appréciés, et qui le seront de plus en plus à mesure qu'un plus grand nombre de collaborateurs viendront concourir à l'œuvre entreprise. Le *Bulletin* est rédigé par MM. G. Darboux et J. Hoüel, avec la collaboration de MM. André, Lœvy, Painvin-Radau, Simon et Tisserand.

Paris. — Jules Delalain, Imprimeur de l'Université, rue des Écoles, 56.

DES MOYENS

DE DÉVELOPPER PAR L'ÉDUCATION

LA DIGNITÉ ET LA FERMETÉ DU CARACTÈRE

www.ingramcontent.com/pod-product-compliance
Lightning Source LLC
LaVergne TN
LVHW020045170826
845678LV00001B/436
* 9 7 8 2 3 2 9 6 8 3 9 3 5 *